中年危機，你別想太多……

Midlife crisis

周冠中——著

「知變、應變、達變」，「萬事萬物因人而有意義與價值；人則因萬事萬物而豐富生命與生活」。然而隨著斗轉星移、時光流逝，任何人事物都不能留駐現狀，形成必然的陰陽消長，新舊、老少，都是流逝的時光中必然的現象。人們只能識得此情，卻無法改變此狀；唯能以「凡事豫則立、不豫則廢」的應對之道，求生活之豐富、生命之意義於此亙古不變的定序軌道中。

周冠中先生以其豐富之生命閱歷及流暢的筆鋒，透過幾個好朋友精彩的生命故事，藉以喚醒迷失於「中年危機」者：「不過就是中年，你別想太多……」，「中年，是人生第二次的青春期」，更不用怕中年轉換跑道，只要保持健康，不愁吃穿，這才是「樂活」歲月的開始！最讓我耳目一新的一句話，作者以本身的專業，定義了全方位的財富管理，除了退休金的理財規劃之外，提到基因檢測及預防醫學的「減緩身體老化」、「重症預防」及「健康保養」等方面的落實，也應該是屬於財富管理項目，健康就是最重要的投資，這個觀念，讓所有人終身受益無窮。作者還身體力行去報名「健康管理師」的課程，學到最新的預防醫學知識，

【推薦序】

了解精準醫療，有了知識才能好好的照顧自己及親友的健康，我相信這是對自己人生及家庭最負責任的態度。

書中的一小段，專心品嘗星巴克的黑咖啡和牛肉可頌，恭敬的對這份早餐進行一場「享用儀式」！思考一下，我們到底有多久沒有眞心去品嚐食物的美味，感受咖啡的香味，終於懂了，只要活在當下，只要當下百分百的投入，就是對生命每一刻最好的儀式感。

藉由本書之學思與故事，用未來的眼光看現在，策定「身、心、靈乃至於個人、家庭必要的適存之道」。老子云：「上善若水」，唯能如水之無形一般，因應各種狀況限制，無所拘泥、無所執絆，中年就是最好的轉機！捧讀本書之餘，深感作者殷殷之忱，今特爲之執筆荐書於「必然會走入中年的青年人」、「已經步入中年的中年人」共同閱讀並分享此書，期能有助於建立「己立立人，己達達人」的共好家庭與社會。

康博集團 **吳俊毅** 謹序于 台中

月過十五光明少，人到中年萬事休

你是如何看待日漸邁入中年的自己？你是否曾想過；中年的自己該如何過生活？古時候有這麼一說：「月過十五光明少；人到中年萬事休」，翻成白話就是：每月過了十五之後；月光就會漸漸黯淡，人過了五十歲還一事無成，也就很難有什麼大作為。

但我認爲這個「休」字，因爲時代的演進與變遷，應該賦予它新的定義，我把它解釋爲「轉型或慢活」，或更能符合現代五十歲的實際狀況。換句話說，「人到中年萬事休」，新的詮釋是指現代中年人不管事業有沒有成就，從生活的心態與型態而言，要與青年時期積極求取功名與事業成就有別。中年人生活步調、慾望和體態，會因爲體能和心智變化日漸緩慢、減少並轉型，不用在乎是否事業有成，但至少要有「打造未來自己」的勇氣！

【自序】

「中年」，是每個人都無法避免的歷程，也是許多人生命中的轉捩點。人到中年是應該繼續在職場上勾心鬥角、逢迎拍馬，奮勇向前力拚高位？還是該認清現實急流勇退？當面臨中年危機的時候，我們該如何面對？人一定會有中年危機嗎？有可能不讓中年危機發生嗎？

我會針對中年人的議題撰寫本書，說起來這段機緣眞是相當神奇，像是冥冥之中接到這樣的任務。二〇二〇年底，因爲公出準備回程台北的時候，在台中高鐵站巧遇一位多年未見的朋友小薇。當下雙方都不趕時間，就在台中高鐵站的星巴克各自點了杯咖啡，彼此聊到這幾年的工作及生活狀況。這趟台中行，另外與一家企業，洽談擔任人力資源主管（HR）兼法律顧問，或許又是一次可以自我實現的好機會。但是必須離開台北的家，而且人力資源及法律事務都是相當燒腦的工作，我正爲此事猶豫不決，小薇立即幫我用紫微斗數排算了一下（我幾乎忘了小薇還是位紫微斗數老師）。

小薇依照我提供的個人資料，很快地幫我排出紫微命盤，她解釋命盤顯示我的命格特色：是我在邁入中年之後，特別不想再受到人情和職場上的拘束與限制，我渴望「打造眞實的自己」。小薇幫我算出來的命盤，幾乎句句打中我內心深處的想法（事實上，當時我正在職業生涯的十字路口徘徊）。

和小薇碰面之後，我重新配置生活步調，不再只專注於工作，讓自己有更多時間關心生活周遭的人、事、物。我報名了英語口說課程（我一直希望能說一口流利的英語），並嘗試斜槓中年成爲作家（二〇二二年10月出版了自己的第一本書《銀行理專不能說的秘密》）。

我也開始思考，現代中年人和父執輩時代的中年人有什麼不同？我們這個世代的中年人，該如何經營自己的生活？

古早時候，人的平均壽命沒有像現在那麼長壽，中年人的生命週期相對較短。隨著，平均壽命越來越長壽，依據世界衛生組織（WTO）認定的中年人是指四十五歲到五十九歲，但依照《牛津英語辭典》定義中年人的年齡，則在四十五到六十五歲之間。總的來說，依照法定強制退休年齡延到六十五歲來看，中年人界定到六十五歲，是最符合現代實際生命配置的定義。

這與中年是「第二次青春期」的說法毫無違和，如果青壯年指的是二十到四十五歲（週期二十五年），那麼中年的周期也長達二十年，一輩子沒有幾個二十年，中年更是一生之中，集合各種歷練精隨於一身的時期，眞的要特別看重我們的中年時期，靜下心來思考；我們要繼續爲老闆爲企業賣命？還是該調整腳步，爲自己獨一無二的一生而活？

本書記述書中人物面臨中年危機的時候，他們如何透過重新學習和重新配置生活的方式，化解並渡過遭遇的困境，希望藉由他們的生命故事，提供有相同或類似處境的讀者，一條參考指引之路（當然，有些人；有些事，失去了就無法再重來，只能選擇懷念或遺忘）。

書中人物確有其人，但因內容涉及個人隱私，爲避免造成困擾若未經當事人同意以眞實姓名示人者，會以虛構的名稱代替。

周冠中

如何達到「危機中年不危機」的境界……

二〇二二年8月的某日黃昏，我和死黨余重生在台北文山區的「貓空」泡茶閒聊，聊著聊著不經意地談到中年危機的話題。講到中年危機重生可算是經驗豐富。據我所知，重生在邁入五十歲和六十歲的當頭，都曾面臨過人生困境，但每次都能重新定義人生，而且為生命更添豐富色彩，他可眞是一本故事豐富的活教材。

「中年危機」一詞，最早由加拿大精神分析學家 Elliott Jaques（E.J.）於一九六五年提出。E.J. 從心理學角度解構人類在中年階段，因為外在及內在變化而出現一連串的反應行為。E.J. 認為中年危機的症狀包括：常常意識到接近老年或即將步入死亡、憂慮晚年生活、失去娛樂時間、健康狀況大不如前、夫妻關係不睦、親子關係不佳、事業發展不順、人生成就不如理想、過分依賴公式化、金錢管理不善和親人離世等。

【前言】

E.J. 提到的各種中年危機狀態，都曾發生在重生和作者周遭親友身上，只是每人感受輕重不同，或是對生活影響程度大小差異。有些人對於事業不順或工作成就不如預期這方面特別感到挫折；有些人則因爲夫妻感情不睦、親子關係淡薄或是人際關係不佳而感到沮喪，也有人爲了照顧年邁父母放棄工作與社交，造成身心靈及智能陷入停滯狀態；有人年輕時把心思全部放在工作上，過度耗損身體，造成老化過快因而自信心受創等等，不一而足。無論哪一種狀態，都有可能連動影響到其他生活問題，導致同時產生多種並存的危機。

有人說，以中年爲題材的內容，最怕淪爲老生常談，當然就更不能陷入「書裡講的頭頭是道；但臣妾就是做不到」的教條式文章。本書透過書中人物現實生活中發生的故事情節，讓讀者窺視他們眞實的人生故事，從中瞭解爲什麼會產生中年危機，以及當我們面臨中年困境的時候要如何化解？有沒有可能做到「危機中年不危機」的境界？

書裡的人物用自己的方式，化解各種不同型態的中年危機。作者花了相當多的時間與書中人物對話，綜合這些人物分享的心得和自己親身經歷，驗證可行的化解方式，希望藉由本書幫助有相同狀況及條件的讀者，順利化解中年危機，讓生命從此更加豐富多彩。

在進入主題之前，我先透露本書主要傳達的兩大主軸：就是「重新學習」與「生活配置」。雖然，只有短短的八個字，卻是許多人在經歷中年危機身受煎熬和感到頹喪時，透過重新學習和重新配置生活，化解或減緩中年產生的危機感與失落感，這些方式都是過來人寶貴經驗和心得。所以，無論您是已經面臨中年危機者，或即將邁入中年階段的「準」中年人，這本書都值得您細細品味與揣摩個中道理。

不同的人生階段，應有不同的「學習科目」

美國風景畫之父湯瑪斯·柯爾（Thomas Cole），一八四〇年創作的《生命之旅》，將人生畫出不同意境的四幅風景畫，分別是：童年、青年、中年和老年。這四幅畫呈現出來的境界，與其說「人生的四個階段」，倒不如說「四種不同的人生」。

換句話說，童年、青年、中年和老年，不只是人生的四個階段。更精確的說：每一個階段之間雖有延續，但卻是各自獨立的不同生命屬性，每一個階段都需要「重新學習」。

回想自己童年與青年時期，從咿咿學語、學走路、學識字，直到上大學生活重心都是在學習。大學畢業出社會工作，學習專業職能待人處事、學習如何在職場上生存，如何管理部屬，如何與異性互動。直到結婚生子，還要學習如何當配偶如何當父母……。這兩個人生階段，對於所有的人、事、物都感到新奇，因此自然有學習需求的認知。

然而，到了中年就喜歡用「習慣」和「經驗」面對生活中的大小事。用經驗過日子；用「以前都是這樣」處理問題，而忽略亙古不變的眞理；就是「變」。人到中年周遭接觸的人、事、物，都會隨著外在環境和內心因素而改變，熟悉的家人、朋友也都年紀漸長，彼此想法若不是不斷改變就是越來越固執，所以彼此互動的模式也會隨之不同，需要學習的事物還是很多，只是學習的重點與層面肯定和年輕時期不同。

我們試著回到過去，如果在青年時期，依然和童年時的思維及生活模式一樣，來面對當時已經是青年人需要接觸與面對的一切，是不是一樣會有「青年危機」？同理，我們到了中年，考慮的層面、承擔的責任都不同了，如果依然循著青年時期的知識、觀念和經驗處理，當然就會捉襟見肘壓力隨之而來。不同的人生階段，自然須要用不同的思維、生活態度及應變能力，來建構「當下」我們所需要的生存本事。否則，每一個人生階段都有可能產生危機。

至於，中年人該學些什麼，可以不發生危機？就請讀者耐心隨著本書的節奏，一起思考和實踐吧！

不同的人生階段，該有不同的「生活配置」

讓我們一起回顧，我們在童年和青年時期的生活是如何配置的？兒童時期不外乎吃、喝、玩、樂、讀書、睡覺，而接觸的人多半就是父母、兄弟姊妹、老師、同學，生活中壓力最大的恐怕就只有考試吧。到了青年時期，學校畢業後的生活除了日常作息外，需要面對朋友（閨密）、同事、長官、女（男）朋友、父母和對方家長（岳父母或公公婆婆）、球友和男（女）朋友的友人（閨密）等，在社交或職場上的人際關係，都是向前發展和往上提升的趨勢，對於未來總是感到光明與值得期待。

顯而易見，青年時期的生活配置絕對不可能與童年相同，由此可知，中年人的生活配置當然不會也不應該和青年時期相同。讀者可以藉此自我回顧，並與本書一起進入探尋中年危機的產生原因與化解方式。

本書提供分享的心得與做法，並沒有高深的學問和複雜的流程，都是一般人生活中就能做到，主要是「心態」與「習慣」的改變。爲使讀者易於理解本書想要傳達的觀念，作者透過訪談周遭朋友，面臨中年危機時的外在環境和內心狀態，他們如何轉換心境及如何克服，重新定義自己，進而過著屬於自己想要的生活型態。

本書提到的各種生活模式，未必適用於每一個人，建議讀者要參考書中人物的人格特質、對人生原有的期待以及周遭環境的變化，選擇與自己相近的模組，嘗試相類似的方式，克服自己所面臨的中年困境。

貳．如何化解中年危機

四、回歸家庭

五、優游自在的斜槓中年

六、學習與樂活

七、一百分的中年人生

壹. 中年的困頓

中年危機不限於在事業或工作上不順遂的人才會發生，
即便人生勝利組也會有中年乏力困頓的時候，
或許是高層或許是同行之間的爭鬥、
或許是與家人、子女間的疏離與代溝感到沮喪，
也或是身體健康亮起紅燈而惶恐。

圖片由 Felipe 在 Pixabay 上發布

美國風景畫之父湯瑪斯．柯爾（Thomas Cole），一八四〇年創作的《生命之旅》，將人生畫出不同意境的四個階段（童年、青年、中年和老年），其實，每個階段的人都會有困擾，只是每一個不同階段年齡的人，遇到的困擾不同而已。

本書專以中年時期可能遇到的困擾或危機爲主，所以討論的範圍與內容，並不止限於「中年失業」而已，我們並擴及探討：家庭關係、婚姻關係、健康狀態、失婚或喪偶以及老年長照等中年問題。

傳統觀念與現實，中年人負有「上承老；下啓幼」的人生使命，一般中年人在企業多是中堅幹部；在家裡又是主要收入來源的經濟支柱。因此，當中年人從主要角色轉換爲次要角色或非主流角色、或面對家庭變故、或身體老化病變、或長期照顧長輩造成身心障礙時，都有可能產生中年危機，需要認眞面對。

一、職場黃金十二年，猶如南柯一夢

曾經犧牲奉獻為公司立下汗馬功勞，卻因為那些從來沒有任何貢獻的空降高層，為了成就自己利益和鞏固自己的權力，大搞權力鬥爭踐踏別人的貢獻。重生十二年披星戴月的付出，犧牲與家人的相處，竟換得被迫在五十歲之年一切歸零，這就是在傳統公司努力奮鬥的宿命，此時的重生該何去何從？

力求表現，與工作談戀愛

西元二〇〇〇年12月29日，我從小的死黨余重生；那年他三十八歲，從一家上市公司被挖角到另一家上市公司的子公司（NG公司）擔任法務主管一職，從此開啓他職場生涯的黃金十二年。

重生是一位很有頭腦的企業法務人員，雖然沒有顯赫的律師頭銜，但辦起案來靈活有幹勁。剛到NG公司承辦的第一件案子，就曾經爲了要從一位工地主任那兒蒐集證據，竟連續耗費三天下班後的晚上，守在工地主任南機場公寓的住家樓下，就爲了堵到早出晚歸的工地主任。爲了讓工地主任願意把事情眞相和盤托出，往後二天重生都帶著啤酒與工地主任「搏涎」（台語發音；搏感情的意思）。不久，重生終於從工地主任手上拿到關鍵性證據（業主違法借牌），讓這件原本由集團法務單位承辦的案件（一審敗訴），自重生接下承辦提起上訴後，竟起死回生在二、三審都獲得法院勝訴判決。從此，重生在NG公司踏實的站穩法務主管的地位。

二〇〇二年初，母公司稽核發現公司帳上疑似遭到員工侵占公款四千多萬，秘書處協理便指派重生與稽核負責追查本案，並下令對涉案人員提起民、刑事訴訟，務必將遭到侵占的款項追回。隨後，重生與稽核人員開始調查，但因犯案期間長達十年，資料找尋不易，重生便親至中興新村某銀行，一臉誠懇的與銀行主管溝通請求調出十幾年前的票據，這些票據就是讓涉案員工伏首認罪的鐵證（票據上面留有涉案員工侵占票款的背書）。經過五年的訴訟程序最終三審定讞，追回近四千萬元，母公司幾乎沒有受到任何損失，這件案子重生又立下大功。

重生進入NG公司那一年，國家考試差兩分落榜，這讓苦讀多年的重生感到重大挫敗，因而將全部心力寄情於工作。重生說：公司承攬高鐵工程的那幾年，幾乎每周都得往中南部跑，一趟下去就得待上二~三天，因爲當時還沒有高鐵，都是自己開車南北奔波。有時先到員林高鐵辦事處開會，第二天一早便駕車南下高雄開庭（業主違法借牌案），中午又得北上趕回台中開庭（母公司職員侵占公款案）。幾次在高速公路上疲勞駕駛，驚醒時一看時速竟然還在一百公里的狀態，當時爲了工作簡直不要命了！

平步青雲；獲得重用——捨棄更好的可能

重生的努力與優異表現，讓他在NG公司任職六年就已晉升三次，從入職時的科長、副主任、主任，發展到二〇〇六年時已晉升至襄理一職，這在NG公司人事晉升史上，可是史無前例的快速，因而引起其他資深同仁的忌妒。

二〇〇六年底，就在重生升上襄理同時，職務也做了相當大的調整；重生被董事長任命接任秘書處處長一職，掌管人力資源、法務、行政庶務與公共關係。其中人力資源是公司新成立的單位（以前只有人事單位），董事長爲了因應公司未來發展與人才培育趨勢，指示重生盡速規劃並執行公司長遠的人力資源工作。

重生接任秘書處處長主要有兩大挑戰，一個是人力資源，另一個則是公共關係，這兩項業務都不是重生熟悉的，在專業上他並不具備，但對好勝心極強又戰鬥力滿滿的重生來說，都不是問題。

爲了迎接新職務的挑戰，重生報名中華人事主管協會的課程，其後又報考國立政治大學傳播學院碩士在職專班，取得人力資源課程證書後，並修完研究所課程。這一切都是爲了讓自己成爲專業的人力資源主管，和具備執行公共關係事務的基本能力，使自己具有足夠能力勝任這項職務。

其實，考上律師才是重生最該努力的方向，也是他畢生最大的夢想。但自從入職NG公司之後，因爲屢建奇功深獲高層賞識而委以重任，重生負責的業務愈來愈廣，需要投入更多時間在工作上。全省各廠教育訓練、訴訟開庭、工安事件，這些都需要法務及人資專業協助處理。這段期間，重生將所有的時間和精力都賣給公司，只能放棄他最愛的「律師之路」。

空降協理刻意打壓，部屬處心積慮，惡意陷害

重生展現魄力，積極主導改革傳統產業僵化的人事制度，公司人力資源開始活化並展現新氣象，年輕同仁發展有了新的契機，但同時影響到資深同仁既得利益，老臣開始在董事長耳邊「咬小耳朵」，對重生極盡攻擊與毀謗之能事。

二〇一〇年初，重生已是秘書處經理，在NG公司算是中高階主管，除了直屬主管執行副總經理，全公司人力資源、法律、行政及公關等事務都由重生做主，責任愈重；權力也就越大。大家都知道，只要有人的地方就會有矛盾，公司內部眼紅的人越來越多，只是每天忙於工作的重生根本無暇理會，不知道一場「空降天兵」與「下屬謀篡」的職場鬥爭大戲，隱然成形而且即將隆重上映。

就在人力資源工作推展逐漸步上軌道、接班人計劃（老幹新枝；培養新

人計畫、輪調制度）日漸成形之際。二〇一〇年8月初的主管會議上，董事長公開佈達「空降協理」黃布義（重生都叫他「小黃」），擔任行政部門最高主管（位階在重生與執行副總經理之間，成爲重生的直屬主管）。

這位空降行政協理，即沒有在相同產業待過的經驗，也沒有法務、人資及公共關係的專業與歷練，純粹只有會計研究所EMBA學歷（當時謠傳是集團某皇親國戚推薦，也查不到這位空降協理的過往經歷），負責指揮督導秘書處（包括法務、人資、行政與公共關係）及財務處掌管之業務。

執行副總認爲董事長這樣的人事安排根本疊床架屋，某日便邀集營運協理（兼營管處經理）、空降協理（小黃）與重生，在他辦公室開會。執行副總提議將重生調升爲營管處經理，營運協理免兼營管處經理，此項提議獲得營運協理贊同，但小黃卻當場反對並脫口而出：「重生憑什麼」？此話一出，重生與小黃從此水火不容，一場宮廷惡鬥戰火正式引爆。重生和小黃兩人職場之戰，最後鹿死誰手？且讓我們繼續看下去。

空降部隊，引爆大亂鬥

空降協理（小黃）在還沒搞清楚公司及各廠業務狀況之前，爲求表現和新人新政，頒布一連串的措施，搞得總公司及全台各廠人仰馬翻，怨聲迭起。空降協理的新措施踩到營運協理紅線，這讓在公司有三十幾年資歷的營運協理無法坐視不管，但畢竟能在公司一待三十幾年的老狐狸也不是省油的燈，指示下屬等待空降協理搞出更大的破洞，再伺機修理。

等待終究是值得的，由於空降協理不務正業，插手介入營運部門採購業務（以下稱A案），造成公司損失慘重，這下營運協理終於逮到機會出手，便在董事會狠狠修理空降協理，這讓空降協理在董事長心中的能力與地位受到重創。

營運協理出手還不只如此，一手提拔栽培的各區主管也陸續發難，對空降協理進行攻擊。小黃雖名爲行政協理，但對人資、法務及財務等業務，從來漠不關心，卻限制各區主管至轄區各廠視察頻率，並要求各區主管與各廠聯繫以視訊會議處理，這道命令引起各區主管相當大的反彈，更讓營運協理甚爲火大。某次，全公司一級主管出席的經營會議上，營運協理示意各區主管，輪番對空降協理發動火炮攻擊，這讓董事長顏面實在掛不住，表示會對高層組織作些調整。

空降「神」兵，陸軍死傷慘重

董事長這次高層組織調整方案，又讓大家跌破眼鏡。董事長發現小黃，是個沒有謀略到處得罪人只會惹事的草包，但是爲了讓小黃能夠繼續留在公司，特別重金禮聘同業（聽說是「被」退休）陳步正擔任總經理（就是小黃先前插手介入採購案（A案），賣方公司的總經理），這下空降部隊戰力大爲增強！陸軍各單位這下可眞是「ㄔㄨˋㄚ勒蛋了～」（台語發音：嚇到發抖的意思）。

這位空降總經理，先爲自己爭取購置一輛 Lexus 300 做爲總經理座車，當然總經理辦公室也得裝修一番，如此才能顯示出自己的權威地位。

陳步正首先找來前公司心腹到 NG 公司擔任高階主管，並聯手空降協理小黃開始架空總公司各處級主管，由小黃直接操控次級主管升遷與考核，剝奪處級主管人事主導權，製造上下級主管矛盾。陳步正這一招，立即癱瘓重生原本規劃好的接班梯隊，公司人事主導權逐步由空降人員接手。

陳步正進行一連串的人事鬥爭，最後營運協理被發配到中國大陸，部分區主管被調回總公司，並打入冷宮有些憤而退休，母公司一手栽培的財務處經理，因爲見到陳、黃二人的權力鬥爭把公司搞的烏煙瘴氣，鬱鬱寡歡提早退休，其餘處級主管爲保住烏紗帽，從此噤若寒蟬不敢再有異見。

最難纏的重生則以一人之力，對抗陳、黃二人排山倒海而來的強大壓力，與NG公司及陳、黃二人，打了一場「職場生存」與「人格尊嚴」的法律保衛戰。

法律戰開打，西瓜倚大邊

在陳步正總經理與空降協理小黃這波人事鬥爭操作下，NG公司長期栽培的接班梯隊兵敗如山倒，取而代之的是空降傭兵和西瓜倚大邊的基層主管。最後，陳步正與小黃兩人密商，要如何將具有法律專業背景；又懂人力資源熟稔勞動契約的重生除去。重生對陳步正和小黃而言，算是最頭痛又最忌憚的人物。

在此同時，重生接獲有人檢舉小黃涉嫌協助廠商逃漏稅，奉母公司高層之命調查本案。因此，重生肯定是陳步正和小黃最想趕快幹掉（逼走）的人。

陳步正和小黃兩人謀議，於二〇一二年12月28日重生在NG公司服務正好滿十二周年的當天，以一紙人事命令將重生調任爲董事長室專案經理，特別註明：「辦公處所從位於新北市的NG公司調到台北市母公司上班」（實際上，NG公司董事長是母公司總經理兼任，在NG公司就有辦公室，若要將重生調爲董事長室專案經理，其辦公處所應該在NG公司即可，沒有任何必須將重生調離NG公司到台北市母公司上班的必要性）。

當然，重生可不是省油的燈，他抓準陳、黃兩位無厘頭的操作方式，以存證信函通知NG公司負責人（也就是董事長）；NG公司如此調動有違反勞基法調動五原則之虞而拒絕接受，並向新北市勞工局申請勞工爭議調解。同時，重生對在此期間向外散布不實言論的小黃，提起民事侵權行爲損害賠償訴訟，並要求NG公司負連帶賠償責任。

雙方開始進入法律攻防戰，重生在電話中對我訴苦：「這是現在唯一可以保護自己，讓自己存活的方式，我現在只能用法律爭取對抗公司的時間，才能從被動轉爲主動；從劣勢轉爲優勢。而且我已經五十歲了，未來找不找得到工作都不知道，法律是我最後的武器，必需死命保護自己的勞動權益，我不會輕易放棄，一定會和陳步正與小黃對幹到底，他們有什麼權力可以隨便剝奪人家的工作權？這兩個人實在太可惡了，爲了自己的利益，排擠掉多少對公司有貢獻，而且還有能力繼續爲公司服務的同仁，這兩個人既自私又可惡……」。在陳述這段話時，我可以強烈感受到重生的怨與恨。

這段期間，重生與這兩位空降天兵一切對應只談「法律」，這能讓他們不敢輕舉妄動，但執行NG公司與重生進行法律攻防戰的，都是重生一手招募栽培的人資和法律後輩，這樣的場景讓人感到現實的殘酷與無情。重生說：他能體諒人在江湖各爲其主吧！實際上這些下屬都是「西瓜倚大邊」，在辦公室裡沒有一人敢與重生對話，這種氛圍令人窒息。

力抗群「師」——黯然離職，一切歸零

董事長未想到情勢發展會到難以收拾的地步，心想，如果讓集團總裁知道他所管理的公司，法務經理提告總經理違法調動，事情可就「大條了」！為此，董事長委請前三大法律事務所的大牌律師，花了近四個月時間與重生溝通，從中斡旋協調尋求和平解決之道。

董事長委請的律師中，有兩位是重生相當尊敬的老師和學長，這兩位律師在瞭解整件事情來龍去脈之後，向董事長建議盡速與重生達成和解，避免造成更嚴重的風暴。而董事長透過重生的親友向重生親情勸說（實際上是親情勒索），希望不要因為此事影響到還在集團工作親友的前途，而董事長也親自召見當面向重生道歉，承認當初不該引進小黃這種人進來NG公司。

最後，重生考量各方面影響（尤其是對親友的影響），並對公司高層、

同事及部屬的冷漠與無情感到絕望，同意接受董事長開出的和解方案，撤回對陳步正及小黃的訴訟，決定離開NG公司。

重生回首自二〇〇〇年到二〇一二年，整整十二年的時間全心投入工作，將所學與實務經驗奉獻給曾經摯愛的公司，不知道有多少歲月沒有好好陪伴家人，甚至兒子成長過程中，發生過的一些趣事，都不知道也未曾參與。回想這十二年對NG公司的種種付出與犧牲，自言自語地說：「眞是太不值得了，根本就是毫無意義的付出。曾經犧牲奉獻爲公司立下汗馬功勞，卻因爲那些從來沒有任何貢獻的空降高層，爲了成就自己利益和鞏固自己權力，大搞權力鬥爭踐踏別人的貢獻。十二年來披星戴月付出，犧牲與家人相處，換得被迫在五十歲時一切歸零，難道這就是在傳統公司努力奮鬥的宿命」？

其實，職場鬥爭戲碼不斷在我們周遭發生，位居高位者鬥爭愈是激烈，只是職場鬥爭，總會有人得意有人失意。NG公司這場「空降 vs.陸軍」大戰，最終結果，陸軍各主管或被發配邊疆遠離台灣；要不就是被迫退休，相信這些主管當時的心境都不好受。

經過這場惡鬥，重生罹患輕度憂鬱症，每當午夜夢迴常會從哭喊叫罵聲中驚醒。有好長一段時間，重生經過NG公司前就會刻意把視線轉移，他不想再看到任何與NG公司有關的人事物；當有人提到陳步正和小黃的時候，重生就會不經意的全身顫抖，我雖能理解他有多麼的不甘心，但那份刻骨銘心的痛，相信只有重生自己感受最深。

重生徹底覺悟；逢迎拍馬踩著別人鮮血往上爬的職場生存術並不適合他。重生消失好一段時間，他封閉所有社交活動，就連我找他也都已讀不回。後來，重生主動與我連絡，消失的那段時間他遠離傷心地到處旅遊，還幫一位中年失業的朋友，在汐止的傳統市場開設滷味店，完全跌破大家的眼鏡。

某日，我到他幫朋友開設的滷味店聊天，我很擔心他會就此意氣消沉，但是讓我再次意想不到的；重生展現自信且霸氣的說：「既然老天讓他在五十歲的時候『一切歸零』，那就從零做起吧！我相信一切都是上天最好的安排」。

準備好的人，不怕沒機會

二〇一七年8月，記得剛過父親節沒幾天，我在敦化南路靠近台視公司的一家知名港式餐廳遇見重生，這是自上次滷味店聊天後第一次見面，算算也快三年了。當時重生正和一群看似老闆的人聚餐，而我也有客戶在身旁，短暫寒暄了解彼此近況後，相互表示近日再約時間吃飯敘舊，就各自忙各自的。

幾天後，我接到重生約我吃飯的電話，當天晚上我們便在上次遇到的港式餐廳餐敘。這次看到重生的神采和五年前離開NG公司的時候簡直天壤之別，現在的他意氣風發，全身散發出專業與沉穩的魅力，原有的自信又從他的言談舉止與表情中展露無遺，還沒等我開口問他的近況，他便主動向我述說這幾年，他所創造的「個人傳奇」1……

原來，二〇〇二年NG母公司職員侵占公款新台幣四千萬的案子，當時重生奉命代表母公司提告某銀行連帶賠償，不僅打贏官司，還獲得一千多萬利息賠償的事。因爲這樁事蹟，二〇一五年底，一位朋友從台中跑來台北，聘請重生協助他公司老闆處理與銀行的投資糾紛。

從二〇一五年底開始，重生便投入協助多家中小企業投資人向銀行爭取權益的行列（投資這項金融商品受害者高達約三千七百家中小企業）。重生從初期的志工到後來同時接受六家公司聘請爲顧問（猶如六國封相），專職協助蒐集整理資料、研究案情並協助律師和銀行進行仲裁攻防。由於經年累月對這項商品的研究，重生儼然成了資料庫和處理爭議達人，相當受到投資人的賞識和倚重。

聊到這裡，我以爲重生應該相當得意，不用擔心會再面臨中年失業，我調侃的說：「以後我可得靠你提拔了」，重生搖了搖頭：「不，現在這些風光、輝煌都是短暫的。這些老闆只是運用我在這件案子上的熟稔，協助他們處理和銀行的投資糾紛，一旦爭議處理完成，一樣會分道揚鑣，到時候我一樣得回家吃自己，……」。看來，重生眞的是怕到了！

後來的結果驗證了重生的預知，在他陸續協助處理解決爭議後，那些中小企業老闆就與重生結束雇傭關係。我知道這件事情後，眞爲重生感到不平！但這次他竟一派輕鬆地說：「這是吃人頭路（食人俸祿），無可避免的宿命呀」。

爲什麼能夠如此淡定，完全沒有失業的恐慌？重生俏皮的要我請喝咖啡，才願意告訴我原委。在重生的「要脅勒索」下，我只好到便利商店買了一杯冰美式來孝敬他，這小子喝了一口後，才裝模作樣、故作玄虛的連問了我幾個問題：「老周，你聽過『狡兔有三窟』嗎？你有看過《協槓青年》這本書嗎？你知道什麼叫『有備無患』嗎」？我實在沒啥耐性等這小子賣關子，有點不耐煩的回答：「聽過、看過、知道」。

重生見我表情已有所不耐煩，不敢再拐彎抹角繞圈子，立馬招認他之所以毫無失業恐慌的原因。原來，這小子在離開NG公司後，沉潛一段時間，除了到處旅遊散心、看書、享受美食之外，最主要是學習不同的專業知識，結合他原有的人格特質與專業形象，開始發展他的「斜槓人生」，在法律以外的領域慢慢累積另一個事業基礎與能量，漸漸有了穩定的「被動收入」。難怪就算和六家企業主一一結束合作，他也不擔心沒有收入來源。

重生在那段時間發展「斜槓人生」創造的「被動收入」，猶如中年失業危機的「防彈背心」，不用再恐慌老闆翻臉無情過河拆橋。

1《個人傳奇》：作者撰寫本書的宗旨是在闡明並鼓吹中年人可以勇敢「打造未來的自己」；活出自我，並不強調與別人比較，應該在乎的是對自己的認同與肯定，做一個平凡但快樂自在的中年人。因此，這裡所謂的「傳奇」是對重生自己「個人」的生命故事而言。

二、被忽略的中年危機？

中年危機的界定，不僅限於事業或工作上的失意，應該也包含家庭關係不睦（夫妻和親子），健康問題和熟齡單親者（離異或喪偶）的寂寞感等，若沒有健全的心理素質和完善的生活規劃，也會是一種中年危機，只是常常被我們忽略。

上班一條小綿羊vs.回家一隻大暴龍

我熟識的一位大學長「崑哥」，曾在上市公司擔任副總經理（今年才以七十歲之齡退休），回顧他在三十八歲時，已是全公司最年輕的部門經理（以前傳統產業升遷不易，一個沒有顯赫背景、平凡家庭出身、只有大學畢業文憑，能在三十八歲就擔任上市公司經理，是件不容易的事，肯定有過人之處）。

認識崑哥的人都知道，他是一位工作態度嚴謹、心思極爲細膩且相當盡責的人，任何事物到他手裡都能做到盡善盡美，無怪乎長官對他信賴有佳，每回只要有疑難雜症；不好處理的棘手問題，第一時間想到可委以重任的人，就非崑哥莫屬。同時身爲長官的崑哥對部屬照顧有加，不僅處處爲部屬著想，更會無私的提拔部屬，爲部屬開闢升遷之路不遺餘力，會爲部屬爭取最好的發展機會。崑哥掌管督導的單位，是全公司凝聚力最強；也是最有戰力的部門。

崑哥的認眞，表現在「以公司爲家，全年無休」（每天晚上九點，都還能看到崑哥埋首辦公；週六、例假日，大樓保全常常都能看到他在辦公室的身影）和「事必躬親；力求完善周全的工作品質」（崑哥雖然懂得充分授權，但也會爲部屬作業品質把關，對於每一份文件都會親自確認再三核對，務必做到零失誤）。

我所知道的崑哥還有更驚人的特質，從二十五、六歲進入公司一直到退休，始終勇敢的站在第一線面對所有挑戰，從不會因爲職位變高或年齡漸長有所退怯。崑哥任職公司的花蓮廠，與當地居民因環保問題有矛盾，每當居民對工廠發起抗爭時，崑哥總會在第一時間到達現場與居民協調，有好幾次崑哥都是一個人擋在廠區鐵門外，和情緒激動的居民溝通，頗有關雲長過五關斬六將，以一擋百的氣勢與膽識。

智商滿分，情商零分——親如家人也難招架

崑哥在公司的表現有勇有謀，即是老闆的好部屬；又是部屬的好長官，看來他在公司的IQ、EQ和AQ[1]表現的無懈可擊。但是，崑哥一回到家裡，可就從部屬心目中高EQ的高階主管，變成一隻極度沒有耐性、易怒的大暴龍。

崑哥與家人相處的狀況和在公司眞是天差地別，完全像是換了一個人，若不是有貼近他身邊的密探回報（爲保護消息來源，在此我們就不多考究了），實在無法想像在家裡和在公司的情商會判若兩人。據說崑哥回到家後相當沒有耐性，可以因爲家人的動作稍微慢了點，或所做的事情不合乎他的期待就會暴怒，像顆不定時炸彈，家人都很害怕，深怕一不小心就會挨罵。只要崑哥在家的時候，崑嫂和兩個小孩就得繃緊神經，一見氣氛不對大家就鳥獸散各自外出，避免遭到崑哥的「砲聲」（吼罵）攻擊。

這種情形，也發生在其他職場表現優異的朋友身上。阿歪，是位優秀的國際航空公司機師，在機組員心中是位具有紳士風度的機長，平常也非常照顧機組員，飛行技術一流，曾經有幾次在相當危機的情況下，都能憑藉高超的飛行技術，沉著穩定的將飛機安全降落，可見阿歪的IQ、EQ和AQ絕對也是屬於上層。

這麼優秀又文質彬彬的歪機長（我習慣叫阿歪為歪機長），竟然在三年前離婚了，讓我們這群同學相當訝異！個性溫和的阿歪怎麼會離婚呢？二〇二二年7月，阿歪回到台灣隔離期滿後（阿歪因飛行工作因素，很早就移居新加坡），趁著他有半天空檔的時間，我們約在南港捷運站內的餐廳見面敘舊。相互說明近況後，我把話題轉到他的家庭近況，他原本不想談論離婚的事，但後來自己忍不住的娓娓道來……

歪機長先是長嘆一口氣，但仍欲言又止；吞吞吐吐的，好不容易總算完整擠出我聽懂的句子：「唉……會離婚最主要的原因是因為…我工作的性質長時間處於緊張高壓的狀態，所有的耐心都在飛行中和與機組員相處時用完了，回到家就把自己最親近的家人當情緒宣洩的出氣筒。雖然我不會動手，但長期在這種氛圍下，任誰也受不了我呀，最後我老婆就提出離婚。說實在的，我自己也不願意如此，但不知道爲什麼一回到家，就控制不住自己情緒，最大問題還是出在我自己的身上」。

大學長崑哥和歪機長，在事業上都算是成就非凡的人；身心方面承受的壓力不是一般人能體會的。這種職場表現優異的人生勝利組，需要宣洩情緒原本無可厚非，但是家人並沒有義務成爲情緒宣洩的受氣包。這種「上班一條小綿羊；回家一隻大暴龍」的現象，家人多因長期累積怨氣，到了中年引爆成爲無法收拾的家庭問題。

換帖的朋友vs.陌生的家人

有位把我當哥們兒的好友阿瑞，中年時的人生模型，與崑哥及歪機長比較起來，原因不同但結果相近（婚姻失和、親子關係冷漠）。會發生這種情形的原因，恐怕是許多男人的「特質」所造成（嗯……若說是「通病」一定會被很多人罵，所以我還是把這種情形，定義爲個案「特質」）。

阿瑞是個古道熱腸；草根性十足的工地主任，這個人非常喜歡交朋友。一九八六年從南部北漂到台北，那年他才十八歲剛從職校畢業，初到台北時有位遠房親戚可以依靠，但他不想有寄人籬下的感覺，就自己一個人獨自租屋在新北市（當時爲台北縣）三重天台戲院附近一座公寓屋頂搭建的鐵皮屋，夢想著可以憑藉努力開創自己的幸福人生（這是那個年代北漂青年普遍的人生夢想和生活模式）。

雖然隻身北漂到台北這個陌生的大都市，但天生熱情又好交朋友的個性，阿瑞很快就結交到不少朋友，有些朋友陪伴阿瑞工作成長，有些朋友則陪伴著阿瑞打牌、喝酒，只要是「朋友」他都來者不拒，而且是隨傳隨到，從年輕就常把朋友當「換帖兄弟」（結拜兄弟），非常看重朋友情誼。

婚姻事業雙重打擊，人生挫折難抗拒

北漂十年後，阿瑞二十八歲時遇到公司會計小玉，兩人很快走入婚姻，並育有一對兒女，看來阿瑞原先夢想的幸福人生，應該已經達成目標了吧！然而，這段幸福美滿的人生維持了十八年，最終阿瑞和小玉以離婚收場。會有這樣的結局，阿瑞的長官與朋友一點也不意外。

原來，阿瑞因爲工作關係長期離家在外，所以很少待在家裡，和妻子小玉及一對兒女的互動，自然就無法像一般正常家庭常常見面，更別說關心小玉和子女生活上或求學上的需求及問題。但小玉是個明理的女人，雖然阿瑞不常在家，她知道阿瑞是爲了家庭在外打拼非常辛苦，對此並沒有怨言，仍堅守身爲母親的責任，把一對子女教養的很好。但是，讓她最無法忍受的是；阿瑞休假回到家，常常屁股還沒坐熱，朋友一通電話召喚喝酒打牌，他就「本能」的隨傳隨到，又把家裡的老婆小孩拋諸腦後。

由於阿瑞長期不在家，又長期忽略對子女的關心和互動，造成子女對他感到陌生，回到家時子女與阿瑞幾乎零互動，這讓阿瑞在家更是坐不住，一有朋友電話呼喚就又飛奔出去。小玉隱忍多年這種「僞單親」的日子，評估孩子已經長大應該能夠理解，最後主動提出離婚，兩人和平結束十八年婚姻。在那段期間，阿瑞除了婚姻觸礁（妻離子散）外，也因爲自己工作疏失而遭到解雇，婚姻、事業同時遭遇挫敗，讓阿瑞在年近半百時重重摔了一大跤，情緒非常低落與失志，天天以酒澆愁悔不當初。

突然中風，人生差點毀了一半

直到現在，由於台灣人對於「基因檢測；預防醫學」精準醫療2的觀念尚未普及，都以僥倖的心態認爲疾病不會找上我，仗著自己還年輕身體還很健康，毫無忌憚恣意糟蹋自己的身體。有句話怎麼說來的，「現在不養身；以後養醫生」。我還曾經在台北市吉林路和長春路交叉口，一家台式餐廳的廁所，看到店家貼了一句發人深省的標語：「四十歲進前糟蹋身體；四十歲了後給身體糟蹋」（要用台語發音）。這兩句話言簡意賅，說的實在太貼切了，可惜大多數的人，都要等到自己身體眞的發生狀況了，才後悔先前對身體的蹂躪與不尊重。

本書特別強調健康的重要性，人一旦失去「健康」，就難免失去「活力」，「健康」是生命的泉源；也是生活的動力。尤其人到中年，不論是想繼續在事業上衝刺更上層樓，還是想急流勇退享受人生，沒有健康的身體，前面的理想全都免談。

阿國，是我讀高中時第一個認識的同學，當我還是小專員的時候，他就奉派到中國大陸崑山工作，一待就是十八年。記得他要去崑山前我們爲他舉辦歡送餐會，當時他頭髮茂盛，身形還相當的挺拔壯碩。新冠疫情爆發前的一年，我旅遊上海和他約在浦東長榮桂冠，多年不見他已是童山濯濯；頂著一個大肚腩，跑起路來已是略顯笨重的中年阿桑（其實我自己也是中年大叔，但我身形依然輕巧；頭髮依然茂密；僅小腹微禿…）。雖然我比阿國大一些，但一般人都說我看起來比阿國年輕，這可讓我感到莫名的驕傲。

二〇一六年，阿國辭掉崑山工作回到台灣，或許長期應酬喝酒飲食油膩重口味，此時看到他更加肥胖臃腫。幾個月後阿國找到一份業務工作，雖然薪資遠不如在崑山時來的高，但畢竟回到自己生長的地方，可以和家人天天聚在一起，對一個五十幾歲的人而言，算是回歸平淡安逸的生活，阿國感到非常滿意。

回到台灣不到二年，二〇一八年7月某日，我接到阿國老婆電話，告知阿國中風住在忠孝醫院，我和另一位高中同學左哥前去看他，只見阿國躺在病床上，身體左半邊受到影響，左手無法使上力氣，我和左哥替阿國未來的工作能力感到憂心。阿國很沮喪地說：「唉…這是我的宿命，我後來才知道我們家人都有這種遺傳」。其實，現代基因工程已能預先檢測出每個人天生的基因風險，提供及早預防之道。我很懊惱沒有早點提醒阿國預做基因檢測，改善生活飲食與作息，或許就可以避免中風發生。

慶幸的是，在阿國努力不懈的復健下，左半邊肢體的活動能力進步相當多，走路也看不出來有中風過的痕跡，唯獨左手指細微動作無法運用自如，這是阿國唯一較爲明顯的中風後遺症。阿國這場中風，差點毀掉他的下半生。

中年喪偶，懊悔不已

夫妻離異已經夠讓人難過的，如果面對的是中年喪偶就更令人鼻酸了，這種事竟眞實的發生在我最要好同學的身上，和他深談後我才略微理解，中年喪偶的痛和所承受的壓力。

我最要好的「老」同學（四十幾年的同學）左哥，大學畢業後就承襲父親事業，接續父親傳承的工藝，是一家中小企業負責人。平時不按牌理出牌的左哥，有一段難以理解的悲劇婚姻；我以爲只有在瓊瑤式的愛情戲劇才有的情節（很擔心現在年輕人不知道瓊瑤是誰），但卻在左哥的生命故事裡眞實上演（我不是要在傷口撒鹽，只是希望不要再有人重演這樣的婚姻故事）。

想要「閱讀」左哥的婚姻故事，必須先從瞭解他的原生家庭開始。左哥生長在父母都是受日本教育，因此家庭教育崇尙傳統、節儉、保守且嚴謹。左哥在家排行老么，上有三個姊姊；一個哥哥，一家人全部依附在父親經營的公司裡，分工合作各司其職，儼然是家族式的企業，家人彼此生活與工作的連結不僅緊密，對左哥的觀念和人生影響也非常深遠。

左哥能娶到小梅，不僅是個奇蹟更是段奇緣，我這麼描述他的婚姻是有原因的，讓我先分別描述左哥和小梅的基本外型和個性吧！

左哥外表總是不修邊幅，從年輕到中年，始終帶著一副鏡片相當厚重的黑框眼鏡，所以英俊挺拔、風度翩翩這類形容詞，絕對無法適用在他的身上。除此之外，他和許多平凡的男人一樣不懂品味，「名牌」對他而言；肯定視如敝屣。雖然外表稱不上帥氣俊俏，但他個性眞誠、耿直、率性，絕對是個值得深交的好朋友。他的「率性」特別表現在；不管什麼場合，不管你想不想聽，他都一定要講上幾句冷笑話（朋友戲稱爲『左式幽默』），他的左式幽默常能讓現場氣氛瞬間凝結成冰（因爲笑話實在太冷了），他認爲這樣容易拉近人與人之間的距離，或許小梅就是被他的「左式幽默」吸引的吧！？

左哥結婚之前，從未交過女朋友（不知道是追不上，還是沒有看上）？左哥很搖擺的說：「我交女朋友的態度是『姜太公釣魚願者上鉤』」。當左哥告訴我們他要結婚的時候，一群同學全都驚訝萬分，實在太不可思議了！左哥竟然「惦惦甲三碗公半」（請用台語發音）。大家都非常好奇，左哥和小梅認識與交往過程，到底是如何發展的？

小梅在家排行老二，有一個姐姐和一個妹妹，父親特別寵愛家裡的三個寶貝女兒，母親從小就幫每個女兒打扮的漂漂亮亮，所以小梅自幼就非常看重自己的打扮。而且小梅自幼學習鋼琴，大學畢業後就兼差教鋼琴，因爲小梅是左哥姪子的鋼琴老師，經由嫂嫂介紹而與左哥認識，沒想到兩人一拍即合；很快就論及婚嫁。

或許是雙方年紀都有點大了（結婚時左哥三十八歲，小梅三十二歲），左哥和小梅結婚沒多久就生下一子，雙方家長樂壞了！一家三口其樂融融，這段日子應該是左哥一生中最幸福快樂的時光。

香火延續成爲導火線，裂痕就此產生

小梅因爲家裡沒有子嗣，所以她父親臨終前曾交代：未來一定要想辦法爲她們家留下同姓子孫，延續他們家的香火，父親的遺言深深烙印在小梅的心中。生下老大後小梅心裡盤算著，如果再生一個兒子就可以從母姓，便能達成父親的遺願。但因爲知道左哥家庭相當保守傳統，擔心若將父親的遺囑告訴左哥，肯定會被左哥斷然拒絕，甚至不願再生小孩。

父親臨終遺言讓小梅相當煎熬，她不知道該如何向左哥開口，和娘家人商量後決定先不跟左哥談論此事，就先想辦法懷孕等生下第二個兒子後再說。不知道是幸運還是不幸，沒多久小梅懷孕了，這讓左哥甚爲驚訝，這時小梅提出如果這一胎還是男孩，要求能夠從母姓，左哥聽完小梅的要求，只見眉頭深鎖並沒有正面答覆 Yes or No，輕描淡寫的說：「等孩子生出來再說吧」！

看到左哥的態度和回答，小梅已經心裡有數，認為左哥家人一定不會同意讓老二從母姓，因此，心中已有定見：準備等老二出生報戶口時，直接登記為母姓（這裡有些手續，因涉及隱私就不予詳述）。

小梅擔心的事終於發生了，左哥家人知道老二從母姓後，全家人勃然大怒沒有辦法接受這樣的做法，為此親家關係徹底決裂，左哥夾在中間左右為難。最後，小梅帶著二個兒子搬回娘家，從此分居二地。二兒子從母姓是主要導火線，但雙方的家庭文化、觀念和習慣天壤之別，平常爭吵亦沒少過，也造成雙方家庭積怨甚深。

親近左哥的同學們看在眼裡，都感到相當遺憾但又愛莫能助，一件為雙方家庭添丁的喜事，卻因為各自家人的原則與堅持，導致原本應該幸福的家庭分崩離析，對左哥而言根本就是妻離子散，讓左哥和小梅及二個兒子，都無法有正常完整的家庭生活。

小梅帶著二個兒子離開左哥回娘家的期間，左哥盡量維持家庭的完整性，只要假日一有空就會帶小梅和二個兒子到餐館吃大餐，所以一家四口的關係維持得還算不錯，只是兩個親家依然水火不容；不相往來。我知道左哥相當痛苦，但礙於家族的整體尊嚴與面子，左哥一家人只能維持現狀，期待兩邊家人能夠有化解的一天。

小梅攜帶二子回娘家，轉眼間十幾年就這麼流逝了，在老大就讀高中；老二進入國中叛逆期的時候，小梅不幸因病離世……。左哥捶胸頓足；悲痛萬分；後悔不已，但想到二個兒子已經失去了媽媽，自己要趕快收起悲痛，除了需要扛起父兼母職的責任照顧二個兒子外，還得趕緊習慣「沒有小梅的日子」，這眞是左哥中年最大的危機。

照顧失智母親，焦慮症上身 3

本書前言一開始曾經提到，加拿大精神分析學家 Elliott Jaques（E.J.）認為，中年危機的症狀包括……親人離世。我覺得更精準的說應該是：「照顧親人並面對親人即將離世的心理恐慌」。

我母親約莫在八十幾歲的時候，被醫師診斷出「老人失智症」和「小腦萎縮」，我們才意識到「母親真的老了」。從這一刻起，老哥、老姊和我，便開始自我心理建設：母親終將告別。即便如此，看到母親隨著時間快速衰老的過程，我們心中有許多的不捨與擔憂，我們不知道「那一天」何時到來？更不知道過程中母親會承受多少病痛？我們又該如何照護？

不同於年輕人身體復原能力強大，就老人家而言；每一次生病對身體都是一次重大的摧殘。母親九十二歲那年，脊椎因為壓迫性骨折手術開刀，從此便無法自己行走，必須穿著鐵衣仰賴褓姆攙扶。這個時候的老媽偶爾還會和我們講幾句話，但我已不記得從什麼時候開始，老媽已不願開口講話（先從不想講話；到後來無法表達），到了後期非常嗜睡，每天清醒的時間不到一小時，褓姆每餐照護母親吃飯，都得花費相當大的心力把母親搖醒，才能繼續把飯菜餵完，這次醫生判斷是因爲水腦症造成，所以母親又做了腦水引流手術，雖然母親的意識比以前好一些，但已經不太認得我們。

二〇一九年新冠疫情爆發之前，母親因爲反覆發生「吸入性肺炎」，多次進出亞東醫院住院治療。主治醫師一直建議我們讓母親插上鼻胃管，這對我們做子女的眞是一道難題（我們搜尋網路對於是否要插鼻胃管的說明，有正反兩派不同見解的論戰）。此時，我們做了母親不插鼻胃管的決定，我們透過各種可以幫助母親吞嚥和避免再次嗆傷的方式，並提供母親適當的營養補充品（經過醫生認可的營養保健食品），很慶幸母親慢慢恢復自己咀嚼的能力（但因爲水腦症的影響，意識仍然不是很清楚），多數的時間都還是得由褓母很有耐性地慢慢餵食。

二〇二〇年中，疫情仍然沒有減緩的趨勢，母親各種慢性病無法正常回診追蹤治療；導致相關指數控制不佳，加上老媽太久無法坐在路邊（因爲疫情因素），接受外界事物的刺激，身體各部位機能指數每況愈下。

從二〇二〇年7月開始，姊姊三天兩頭不分晝夜，就在家庭通訊群組通知我們：「哥，老媽血糖飆高；老弟，老媽血氧降低；二位，老媽血壓好高；哥，老媽心跳好快；哥，老媽晚上一直咳嗽；老弟，老媽一直嗜睡無法餵食；老弟，老媽尿液顏色很深；老哥，老媽的腿水腫；老弟，老媽體溫偏高；二位，老媽很喘……」。每當我們接到這樣的訊息，大家都會很緊張，而姊姊當時就在現場，她更是常常緊張到語無倫次不知所措。

將近二年多的時間，母親身體經常會不定時的出現各種狀況，而且反反覆覆；愈來愈頻繁。姊姊爲了照顧媽媽，捨棄生活上所有社交活動和休閒，什麼事都不做全心專注照顧媽媽身體。當時，我們和她聊到任何與媽媽身體無關的事，她完全不會有反應，她滿腦子想的都是媽媽的身體變化，完全無法接收其他任何訊息，眼神無法聚焦，無法集中精神記憶，有時候更是無法控制情緒，很容易一下子就暴怒，這讓我們全家為姐姐的精神狀態感到憂心。

姐姐因為照顧母親，長期在高壓和緊張的氛圍下，她的神情和精神上的表現，家人覺得越來越不對勁。我從網路上搜尋到這篇文章，書田診所精神科醫師施佳佐表示：「照護者因照顧生病家人而身心俱疲，常會陷入憂鬱而就醫，需透過藥物及心理治療」[4]，這段專業醫生的說明，證實我們猜測和擔憂的情形，確實是有可能發生的。

台灣已進入老年化時代，現代老年人相當長壽（平均餘命男女均已接近八十歲），縱使我們自己也已屆中年或退休年齡，但仍有長輩需要我們照顧，這種情形已相當普遍存在於你我周遭。所以，當已中年的讀者在面對至親長輩，長期臥病在床或生活已無法自理而須專人照顧的階段。此時，我們除了須要承擔經濟收入減少或支出增加，還得面臨至親長輩可能隨時離世的恐懼與悲痛。這恐怕是比單純失業或不得志，對身心上的打擊來得更嚴重、更難處理的中年危機。

1 AQ：Adaptability Quotient，是一組主觀的素質，大致定義為在快速、頻繁變化的環境中靈活應變和蓬勃發展的能力。（資料來源：賽布・穆雷（Seb Murray）。二〇一九年12月27日。〈BBC NEWS〉中文 https://www.bbc.com/ukchina/trad/vert-cap-50912271.amp）。

2 「精準醫療」：是美國總統歐巴馬二〇一五年1月20日的國情咨文演講中提到的，他希望藉由「精準醫學計畫」（Precision Medicine Initiatiative），讓美國能「引領一個醫學新時代」，透過推動利用個人化基因資訊的疾病治療，在人類歷史上再次締造突破醫學發展的地位。（引自《環球生技月刊》4月號〈「精準醫療」之路到底有多近？〉

3 作者並非醫學專業，對於憂鬱症、躁鬱症、恐慌症、強迫症及焦慮症之間的差別，無法精準判斷及使用。本書以作者和一般人能理解的程度，把當事人表現出的狀態解讀為「焦慮症」，或許不夠精準；也不符合醫學上的定義，但主要在呈現當事人面對長輩失智，長期照護下產生的「心理狀態」。

4 資料來源：udn《元氣網／焦點／長期照護》。二〇一七年12月26日〈聯合報〉，記者劉嘉韻報導。https://health.udn.com/health/story/6631/2896287?from=udn-referralnews_ch1005artbottom

貳．如何化解中年危機

一般人在談論中年危機的時候，多數人都會鼓勵危機者，
要化悲憤為力量；奮勇向前、化阻力為助力、
要拋開既有包袱重新開創自己的人生，……。
而這些「流傳已久的金句」，
從小寫作文的時候我們就很會運用，
但好像從來沒有人「具體」的教過我們：
如何「化悲憤為力量；奮勇向前」？
如何「化阻力為助力」？
又如何「拋開既有包袱；重新開創自己的人生」？

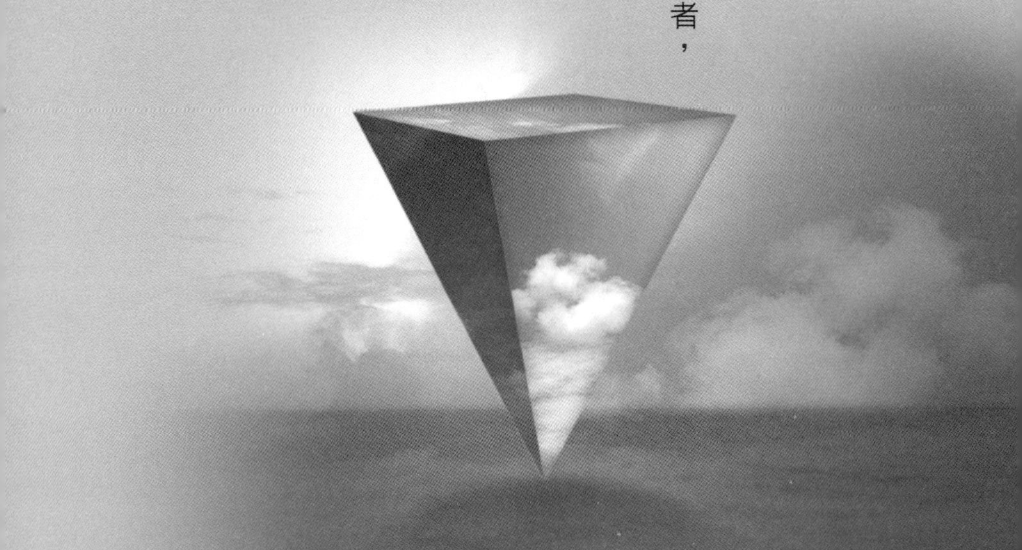

圖片由 Felipe 在 Pixabay 上發布

有些人面臨危機的時候，認爲一定要「繼續埋頭苦幹；拼命向前衝，衝到撤職查辦；妻離子散」，才叫有骨氣？爲什麼就不能「停下腳步，左閃；右閃，向後轉」？其實，生活中隨手都能悟出一些淺顯易懂的道理，想像當我們開車走到小巷，遇到對面來車需要會車的時候，總有一方需要暫時倒車或盡量靠邊；爲的是讓雙方（當然包括自己）爭取向前走的空間，那麼人到中年又何必非得執著一條路，硬擠、硬幹、往前衝？

當面臨中年危機的時候，不同個性的人遇到不同性質的危機，會有不同的思維和作法，但終究不需要糾結於傳統思維，更不需要顧慮別人會如何評論自己。既然都已活到了中年，往後餘生，說長很長；說短很短。不管是長還是短，都要勇敢打造眞實快活的自己，不是別人心中期待的自己，這樣的中年人生卡實在啦！

本書第二篇，將依據不同屬性的中年危機，舉出一些人當時成功化解困境，具體的心法和做法，以供讀者參考。

三、調整心態，揮別過去

曾經犧牲奉獻為公司立下汗馬功勞，卻因為那些從來沒有任何貢獻的空降高層，為了成就自己利益和鞏固自己的權力，大搞權力鬥爭踐踏別人的貢獻。重生十二年披星戴月的付出，犧牲與家人的相處，竟換得被迫在五十歲之年一切歸零，這就是在傳統公司努力奮鬥的宿命，此時的重生該何去何從？

調整心態之「停、看、聽」

談到面臨中年危機，要如何調整心態與步調？重生應該最有感覺和經驗了。他得意地說：「講到面對中年危機調整心態，我的六字心法是『停、看、聽與斷、捨、離』」，重生接著又說：「停、看、聽是屬於第一階段的內在反省；斷、捨、離則是第二層表現於外的心理調整」，重生講的口沫橫飛，我聽得似懂非懂。

重生看我一臉疑惑的樣子，又趁機要我幫他沖泡一杯吊掛式咖啡，才願意坐下來慢慢分享他成功化解中年危機的經驗。重生喝了一口熱咖啡後，一本正經；若有所思的像是神遊回到過去的神情（難爲他得再回到那段不堪回首的傷心往事）。

重生抬頭看著我說：「老周，你知道我先前在公司出差的時候，都會有一位副主任跟在旁邊幫忙開車，事先和各廠接洽聯絡，安排所有行程與住宿，對吧！在公司傳真影印，資料存檔都有助理負責是吧」！我點了點頭。他接著說：「我離開公司後的日子，到便利商店影印資料，要重新學習影印上傳照片，一個人開車去台中處理事情，一個人到高速公路休息區吃飯，沒有人隨行甚麼都需要自己來。你知道嗎，那時候覺得自己好可憐。後來我才領悟體會到，原來一個人獨處，是需要學習的；一個人獨處，可以幫助我們沉澱心性與反思過往」！

停——學習與自己獨處

「一個人獨處，是需要學習的」！這就是「停」的功夫。一個人獨處的時候，我們可以暫時停下腳步、停下毫無意義的忙碌、停下社交活動，停下一切紛擾。這個時候自己和自己對話，才會反思過去的自己，哪裡做得不好做得不對。當停下腳步反思自己的是與非；對與錯，自己就比較能夠釋懷，不甘心的情緒也漸漸消退。所以重生所謂的：「停」，其實就是停下忙碌的腳步，學習與自己獨處的功夫，同時體會獨處的力量。

二〇一五年2月9日，楊照與詹宏志對談，他們兩位都認同「獨處，是安定身心的力量」。而且，美國小說家強納森・法蘭岑（Johnathan Franzen）在《如何獨處》一書中，就將獨處定調爲現代人必備的生存能力之一[1]。有了詹宏志與楊照和《如何獨處》這本書的背書，重生的第一個心法「停—學習獨處」算是過關了。

看——閱讀與看海，療傷特效藥

依照重生的經驗與說法：「停」的下一個心法就是「看」，那麼是要「看」什麼呢？他建議大家要看的是「書」，一本能把你從「負面情緒」、「負面能量」和「負面思維」裡拉出來的好書。

現代通訊傳輸科技日新月異，一支手機就能從網路上的不同平台，看到各種推播的訊息，導致現在願意花時間靜下來看書的人，似乎越來越少了，我就這麼質疑重生。但是重生回答我的說法，我覺得還滿有道理的，他說：

「你覺得從手機看到的資訊會很完整嗎？可以看到作者完整的邏輯思維和生命故事嗎？你覺得在看書的時候比較能夠靜下心來？還是看著手機片段資訊比較能夠讓你的心靜下來」？乀……我覺得重生這麼分析，還眞有點說服我了。

接著重生一臉得意繼續發表他的論點：「只要有人類文明的一天，書是不會消失的，人們看書不只是追求知識；更是一種享受寧靜的休閒方式，手執一本書，再伴隨一杯咖啡，是多麼享受呀！喜歡看書的人還是有的啦」。

重生繞了半天終於要說重點了：「當初遭到公司那些人羞辱，最後離開公司，陪伴我渡過艱困時期的，就是在那段時間看的書。當然不外乎會有勵志類的書，我一直最佩服的就是那些能從谷底翻身永遠打不死的蟑螂，我反而不喜歡看那種相當成功；幾近偉人的名人傳記，因爲他們的成功距離我太遙遠，我只是一個平凡人，我只想能有足夠的勇氣重新站起來，再去相信人面對人群而已」。

「當時，大多數的時間，我都是一個人獨處；自己和自己對話，我才發現原來一本能引領自己人生方向的「好書」，蘊含著神奇的力量，它能讓我把心中的「怨懟」沉澱，並且逐漸消退。我在書中看到一些人的遭遇，才眞正領悟到眞實的人生，是我對人性想像的太美好（職場上不是每個人都是正人君子，不是每個人都會就事論事），所以受到傷害，是自己誤判了人性；誤判了社會的現實，該反省的是自己的愚蠢，而不是那些傷害自己的人。我當時就是因爲看了一些書有所領悟，才放下對往日長官和同事的怨恨，重新面對人群」，重生一本正經地侃侃而談。

經歷過人生一場重大挫折的重生，不僅沒有被擊垮，反而讓他的心理素質更強大，似乎印證了德國語言學家既哲學家佛里德里西．威廉．尼采的一句話：「凡殺不死我的；必使我更強大」。以前那位善良熱情、個性有點直；從不懂得修飾和防人的牡羊男，這次再見到他眞的沉穩不少。或許，這就是成熟的代價吧。

接著我又問重生：「調整心態除了前面所說的：『停』和『看』就夠了嗎」？他說：「別急；還沒『看』夠呢！除了看書，還可以去看海」。「看海」！我驚訝的問。

重生述說他當時看海的收穫：「我喜歡一個人開著車，行駛在台2線北部濱海公路上，天氣好的時候可以看到許多老鷹盤旋在上空，我特別喜歡老鷹遨翔天際的英姿，自在地飛翔卻又霸氣的佔據了整個天空。每次行經金山海岸公路旁的咖啡餐車，我一定會下車點一杯咖啡、一個起士（諧音：啓示）蛋糕，然後選一個有遮陽傘的桌子，面向著太平洋，戴上我的帥氣墨鏡，雙腳跨在另一個椅子上，整個身體微微往後傾斜，一邊吹著海風、望著大海、喝著咖啡、吃著蛋糕；或是仰望藍天或閉目沉思，好不愜意」。

「有一天，我又來到海岸咖啡餐車，一如既往的坐在海岸邊打著遮陽傘的餐桌前，當時我正望著海上的波浪，突然領悟到一個道理……『大海之所以令人敬畏、讓人著迷，就是在於她能夠時而平穩；時而巨浪，時而高潮；

時而低潮，彷彿隱喻人生有如大海潮起潮落，人生就是如此；而且這「才」是眞實的人生』。

「我看著一波一波的浪正打在岩石上，但是它並沒有阻礙浪潮的速度，反而激起更大的浪花。這不就意喻：岩石就是阻擋你前進的人、事、物，只要自己夠堅強，那些阻礙你的人、事、物不就是讓你激起浪花；讓你更加強大的岩石嗎」！這個領悟把重生從當時低落的情緒中喚醒。

聽——傾聽內心眞正的聲音

「重生……重生……」，此時，重生聽到有人呼叫他的聲音，他環顧四週並沒有熟識的人。當他正納悶的時候，又有個聲音出現……「我在這裡……我在這兒……」，重生順著聲音的方向探索，……原來這是來自於重生內心深處的聲音！

「重生，你當然可以向海浪一樣衝擊岩石激起的浪花，再進入職場為你的職場生涯再登高峰而努力。但是，你要想清楚喔：你已經五十歲了未來你想要過什麼樣的人生？你還會想再忍受主管打壓；每天過著不知道老闆何時翻臉的職場生涯？還想再為沒有專業、沒有格局又沒有智慧的老闆服務嗎？你還想（被迫）違背自己的專業，說著老闆喜歡聽的話；（被迫）不得不順應老闆霸道又無知的要求，（被迫）迎合老闆旨意嗎」？

「重生……你還能工作多久；你還會有發揮專長的機會嗎（下一個老闆英明嗎；他會聘僱你多久）？你還有多少年可以任憑老闆用完即丟？你的人生就只能是這樣嗎？你已經五十歲了；你還要讓你的餘生和五十歲前一樣；為別人打工最後卻可能什麼也不是嗎？」。這些都是重生內心深處，最眞實的自我意志，提出的一連串問號，正是重生內心的聲音，指引他思考五十歲後，存在的意義與價值。

重生內心深處的聲音，其實就是重生心理糾結許久的問題，先前在職場上受到創傷留下的傷痕，這種極度不安全感始終存在重生的心中，所以重生內心深處的吶喊，自然導向不再回到職場。當然，其中還摻雜重生自己的個性喜好；與心中嚮往餘生的生活方式。其實，每個人都能聽見自己內心的聲音，只是大多數的人在順境時，因為習慣於一成不變的生活模式，內心的聲音被忽略了或暫時的聽不見。一旦人生陷入困境或低潮，只要願意停下腳步遠離塵囂，靜下心來聆聽，我們自己內心世界的吶喊，會讓你聽到他的聲音。

揮別過去之「斷、捨、離」

聽完重生說明「停、看、聽」調整心態的三個心法，我這個好奇寶寶「打破砂鍋問到底；還問砂鍋在哪裡」追根究底的個性，還是忍不住繼續和他抬槓。好呀，就算我們按照「停、看、聽」調整心態了，但我就是對過去種種不愉快的事無法釋懷，每次想到就是會難過不爽怎麼辦？

重生個性真的改變了，竟然沒有不耐煩（重生以前可是非常沒有耐性的火爆浪子），看了我一眼，拿出手機搜尋最近很流行的關鍵字「斷、捨、離」。「谷歌大神」顯示；這是日本「沖道瑜珈」創始人沖正弘一九七六年倡導的瑜珈理念，由他的弟子山下英子發揚普及於世界各地。沖正弘所謂的「斷」是指「斷絕不需要的東西」，「捨」則是「捨去多餘的事物」，而「離」意指「脫離對物品的執著」2。

事實上，「斷、捨、離」的概念，可以運用的範圍相當廣泛，不只可以運用在雜物管理上，有些宗教家在談論人生哲理的時候也會引用斷捨離，本書以凡夫俗子一般凡人的思維，當我們在（職場）面對人生困境時，我們也可以重新定義「斷、捨、離」，揮別不如意的源頭。

斷——斷開一切職場是非

重生親自說明，他是如何師法「斷、捨、離」功夫，讓他能夠在最短時間告別不愉快的過去。重生依據他自己經歷過的職場困境，把「斷」這個字的定義改為「斷開一切職場是非」。

重生最終不再繼續和那兩位空降神兵（陳步正總經理和空降協理小黃）鬥下去，願意平和的離開NG公司，你或許不相信是因為有神蹟顯靈吧！這件事說起來真的很玄，我也不是在鼓吹怪力亂神，或許冥冥之中，有一股力量讓重生聽進去一些道理。

我所謂的神蹟是這樣發生的：重生和公司空降高層對幹將近四個月，當時正值清明愼終追遠的時節，有一天重生到金山祭拜一位過世的總廠長（這位長輩生前相當欣賞重生的才幹，非常照顧重生）。他站在總廠長的墓碑前，訴說他當時面臨的遭遇和處境，他不知道該繼續和公司對幹到底？還是該認輸離開？正當重生要離開時，空中似有似無的傳來一個聲音，隱隱約約好像是說：「危邦不入；亂邦不居」。當時，感覺上並不是那麼眞實，所以重生並不以爲意，但心裡還是把這句話記住了。

過沒幾天，重生陪著老婆回宜蘭掃墓，掃完墓後老婆家族循慣例聚餐，在前往餐廳前因爲時間還早，一行人就先到大伯家休息聊天，重生因爲開車有點疲累，便在車上小寐片刻。神蹟又出現了，重生半夢半醒之間，彷彿又聽到一個聲音（這次可以比較清楚認出：是已離世岳母的聲音），岳母用本土但很直白的說：「和一群豬混在一起；再厲害也還是豬」（沒有鄙視任何人的意思，只是把眞實的情境呈現出來）。重生的岳母眞是厲害一語中的，同時也讓他連想到那句：「危邦不入；亂邦不居」。就在當下重生決定離開NG公司，而且越快越好。

經過兩次冥冥之中的神蹟（應該是疼惜重生的長輩保佑）警示，重生決定和NG公司「斷絕」雇傭關係，也撤回對空降神兵的訴訟，不再和NG公司爭執誰是誰非。

拾——捨棄過往豐功偉業

雖然徹底斷絕和NG公司的雇傭關係，而離開服務十二年（總計四千三百八十三天）的地方，但曾經用心付出和經歷過的所有大小事務，點點滴滴早已烙印在重生的心中，不是離開一個地方就能立刻忘懷的。尤其是曾經立下過的汗馬功勞，那些顯赫的戰績，更是讓重生常常津津樂道；卻又久久無法釋懷。

其實離開NG公司，對重生而言並沒有什麼大不了的，但要將那十二年所建立的豐功偉業，完全拋諸腦後，可眞不是件容易的事。直到有一天……

重生在一個無法預先規劃的機緣下，接觸一件頗受金管會矚目的重大金融交易爭議案件，對他而言是個全新的挑戰，他把心思全部放在這件事情上，根本沒有時間再去回想往日事蹟，而且那些所謂的：「豐功偉業」，對於現在接觸的人而言，實在沒有什麼好炫耀的。因爲，根本不會有人在乎。

人生本來就是一個不斷變換風景的旅程，每一個時間點我們遇到不同的人；關注著不同的事，過去誰有什麼偉大事蹟或過人之處，對於當下我們接觸到的人與事而言，既然不是生活在同一個時空背景！當然就不會有共同的記憶和感同身受的體認，自然不會是大家共同關注的重點。那段我們自認爲的「豐功偉業；偉大貢獻」，就讓它埋藏在我們心中，當作是一面自我肯定的獎牌吧！

離——脫離對環境的執念

四、五、六年級生應該都曾看過一九七八年克里斯多福．李維主演的《超人》（Superman）這部電影吧！電影裡超人（克拉克．肯特）在地球受到重大挫折的時候，他總會暫時離開人群，去到一個能夠幫他恢復能量的神祕地方（我記得電影裡拍攝的場景是一座神秘的冰洞）。在這裡超人可以不受干擾；安安靜靜的，重新審視自己過往的衝動與錯誤，聆聽父母的循循善誘和叮嚀，重新找回他來地球時的初心。超人努力修練直到恢復原有的能力，就再回到地球人生活的城市，繼續執行維護世界和平與保衛地球人的使命。

本以爲這是電影裡才會有的情節，但沒想到原來在我們周遭朋友中，許多人遇到挫折或創傷的時候，都會想要離開傷心地。這好像顚覆了小時候長輩教導我們；遇到困難和挫折的時候，要勇敢面對努力克服困難的傳統思維，我開始思考這種作爲，算是一種「逃避」？還是「脫離」？

我認識一位相當優秀的女同事涂瑛貞；是我另一份工作公司的資深總監，她是一位思想獨立、財務自主、生活自由；典型的現代女性（很會保養就算已年屆中年，但看起來就像是三十出頭歲的年輕小姐姐）。

二〇二二年10月某天，我和瑛貞在公司的茶水間巧遇。因爲有好一段時間沒看到她，隨口說了一句：「好久沒看到妳了，疫情才稍微減緩，妳就報復性出國呀」！沒想到她竟然回答我：「是呀，我剛從南極回來，我去了一個月」，瑛貞這個回答可把我嚇傻了。「南極」！我直覺重複一次我所聽到的。「對呀！我去了一趟南極」，瑛貞看我那麼驚訝，一副不可置信的樣子，又再講了一遍。

我按耐不住好奇的個性，追問怎麼會想要休那麼長的假，跑去南極旅遊？瑛貞停頓了一下，拿起手上的咖啡走出茶水間，我跟著她走到員工交誼廳，等著瑛貞娓娓道出她的心境……

「我是一個喜歡享受舞台接受眾人注目的人，但我個性上又蠻極端的，如果我在生活上或工作上受到挫折或感到失意的時候，就會有一種想要脫離現實生活的衝動，最常做的方式，就是來一趟一個人的旅行，或是再去當個專職學生充電，等電力充好帶著滿滿能量，我就會重回現實的生活和職場，再好好發揮展現自己的能力」。

瑛貞看我似乎不是很明白上面所說的意思，便舉出她過往的經驗，來說明她的「職場戰鬥三部曲」：脫離、充電、再出發：「在新竹地區，我是最早教『壓克力彩繪』的老師，那段時間我教了許多學生，這些學生後來都紛紛自立門戶開班授徒，從原先的師生關係變成了競爭關係，市場漸漸達到飽和，我的收入大幅減少，教學事業已經開始走下坡，我不知道自己該何去何從，還能做甚麼？這讓我對未來產生莫名的慌恐和些許失落」。正當我聽的津津有味的時候，瑛貞突然回過神來，咦！我幹嘛跟你說這些？但我故事聽到一半怎麼可能就此打住？瑛貞終究拗不過我的耍賴，只好繼續述說她的故事……

「我剛才說過，我的個性是蠻極端的，既然『壓克力彩繪』教學事業，已經無法帶給我工作上的滿足和樂趣，反而讓我感到挫折，這個時候我決定急流勇退。我便毅然決定結束這裡的一切，飛到上海與來自世界各地的同好，一起學習形象管理和儀態訓練課程，專心做一位全職學生」。

「在上海學習的那段期間，其實對於人生依然感到徬徨，有很多人說嘛：人有了一定的經歷，會想再去當全職學生，大多是走到人生的十字路口，想要透過探索新事物尋求人生未來的解答；也或許是想短暫的逃離現實生活吧！我不否認，當初我就是抱著這種心態」。

「其實，我這次去南極旅遊，也是因爲在工作上遇到了一些瓶頸，我又有了想要逃離現實情境的想法，只是這一次我選擇南極，而且是一個人的旅行。這趟南極之旅，讓我對未來又充滿希望，渾身上下滿滿的能量，來面對工作上和生活上各種挑戰」。

聽完瑛眞「脫逃」的故事，我感覺其實瑛眞就像是個女超人，她在現實生活中遇到瓶頸的時候，會暫時離開現實環境，或許是來一趟遠遊；或許是重新投入專業學習，等到她內心鬱積過不去的那個「坎」突破了；或是重新學習時，被當時的人、事、物給觸動激發了心中的戰動力，她就會再回到現實生活；回到工作崗位，再度展現她超人的戰鬥意志和能力，這就是我所認識的瑛眞。

從瑛眞的故事，讓我終於搞懂了什麼是「逃避」？什麼是「脫離」？

原來「逃避」是一種不敢面對現實；也不打算挑戰現實的心態。而「脫離」則是暫時遠離讓自己不開心的現實環境，一個人放逐到遙遠的地方，短暫的和現實生活斷絕聯繫甚麼都不想都不管，就是好好享受一個人與大自然或不同環境的親密接觸。又或許是投身學習不同技能或專業知識，重新做一個單純的學生，讓自己複雜混濁的心思，重新得到純淨，最終目的是找回最原始的初心。

當我們脫離不如意的環境再回到現實生活的時候，我們可以選擇用不同的心境和心態，繼續面對原來環境裡的人、事、物，抱著滿滿的能量積極努力工作。當然，我們也可以率性的決定離開原有環境，重新尋找適合自我的新視野，不再受制於原有氛圍的綑綁和束縛，過自己想過的生活作自己想做的事。

1 資料來源：〈經理人〉。2015.02.09，文及元。https://www.managertoday.com.tw/books/.view/50360

2 資料來源：維基百科 https://zh.m.wikipedia.org/zh-tw/%E6%96%AD%E8%88%8D%E7%A6%BB

四、回歸家庭

還記得重生嗎？在職場遭受霸凌離職後，無法釋懷而罹患輕微憂鬱症。但經過一段調整心態的「停、看、聽」，和揮別過去「斷、捨、離」，走出陰霾的心法修煉後，他是否重新回歸正常生活？

家是唯一的城堡

重生說，離開NG公司後，他的身心靈都回歸到家庭，把生活重心放在和家人的相處上，而且非常認份的當一個盡責的家庭煮夫。那段期間，每天一大早就幫剛上國中的兒子準備好早餐、送兒子搭校車，洗衣服、晾衣服、買菜煮飯洗碗是他的日常。重生並經常利用假日帶著兒子，到政大讀書、打球，把過往忽略兒子成長的遺憾，加倍付出的彌補回來。慢慢地，他與兒子間建立起亦兄亦友；如同哥們兒的感情，他從與兒子的相處上，獲得極大的欣慰，並感到無比的幸福與快樂，對重生而言這是無價的。

回歸家庭後的重生心性獲得充分沉澱，並且慶幸老天爺給了他自省的機會。重生特別強調：在當全職家庭煮夫的期間，深切領悟到「家」：是唯一的城堡，家人才是在外奮鬥努力唯一的意義。

看到重生回歸家庭，把心思放在與家人溫馨和睦的相處上，不禁令我感嘆，我周遭好多朋友年輕時，或許是爲了工作，或是太好交朋友的個性使然，將七成甚至八成的心力和時間都放在對外的送往迎來或交際應酬上，家人卻始終放在最後順位。但我的許多好朋友，他們最終還是回歸家庭；擁抱家人，做爲人生最重要的守護。

前面提到的高中同學阿國，離開台灣到大陸發展長達十六年之久，二〇一六年結束大陸事業回到台灣，大兒子已經二十歲，二兒子也十二歲了。由於長期在大陸工作，兩個兒子的成長過程，阿國幾乎未曾參與，所以二〇一六年回到台灣後，和兩個兒子之間的親子關係相當生疏。

阿國回憶二〇一六年他剛回到台灣的時候，在家裡就像是個隱形人，被二個兒子當作空氣，完全無法介入兩個兒子的生活，他非常懊惱，過去在大陸漂泊十幾年忽略家人，現在就只能加倍努力的關心家人，一切以家庭爲重心，來彌補過去沒有做好父親和丈夫應有角色的遺憾」。

阿國表示他現在就是安穩地做一份工作，不求大富大貴，也不應酬不喝酒，工作以外的時間全部都用來陪伴小孩和妻子，每天開著車接送小孩上、下學，假日就是和老婆爬爬山，享受著和家人生活的幸福感。

重生和阿國二人，邁入中年後工作和事業不順遂，還能回歸家庭感受家人的溫暖。相較之下，阿瑞和左哥就沒那麼幸運了！

享受天倫之樂，衆人渴望的人生

阿瑞和小玉離婚之後，便一個人去了台中獨自生活。我每次去台中和他吃飯，他總會談起小玉和兩個女兒，言談之間，我強烈感受到阿瑞對於他過往「重朋友；輕家人」的作爲相當懊悔。年輕時不夠成熟也沒有責任感，每次放假回到家，朋友一喊就出去喝酒打牌，絲毫未顧及小玉和女兒的感受，更別說關心女兒的功課和成長過程。

這幾年，已經五十幾歲的阿瑞，每天下班回到家都是孤零零一個人，所以他寧願包辦公司所有額外的工作，常常把自己操到累的不能再累，一回到家倒頭就能呼呼大睡，原因是不想感受一個人的孤寂。

而左哥在妻子小梅離世之後，除了需要忙於經營自己的工程公司之外，還得兼顧兩個正值青少年叛逆期兒子的學業和人格發展，左哥實在很想把兩個兒子接回家裡同住，可以多些時間親近陪伴兒子。但是，左哥經營的工程公司才剛漸入佳境，勢必需要花費更多時間和精力穩定公司發展，是否能夠扮演好「父兼母職」的角色？左哥陷入兩難。

經過一段時間天人交戰的思考，左哥最後做出抉擇，爲了避免無法兼顧可能產生同時耽誤孩子成長和事業無法順利推展的窘境，只好暫時割捨和孩子的朝夕相處，先全力在事業上衝刺，兩個孩子就繼續託付小姨子（兩個孩子的阿姨）照顧管教，但會盡量利用假日時間多陪伴孩子。

左哥的處境與抉擇，我們都很同情也能理解，但終究不是長久之計，孩子沒了母親會更需要父親。左哥承諾他會努力盡快把公司業務做穩固，早日將孩子接回到身邊，給孩子完整的父愛，好好擁有和孩子的親情；享受天倫之樂，這才是他最渴望的人生。包括我在內的周遭男性親友，好多人都在五十歲年齡前後，才猛然發覺家庭的重要性，也才開始關心子女的成長和求學，我現在回過頭來看，覺得這樣都太遲了。孩子從幼兒到童年，是最需要父母照顧陪伴的階段，孩子的成長一輩子只有一次，時光無法倒流，我們不可能等到事業有成，才回過頭來陪伴小孩，到那個時候孩子已經長大，有自己的同學、朋友，有他們需要專心的課業或事業，根本不需要我們了，反而是我們渴望有孩子的陪伴。

「伴」嘴不「拌」嘴

夫妻之間彼此「拌」嘴，應該是多數年輕夫妻結婚一段時間後必經的過程（至少我周遭的同學和朋友，都是這麼熬過來的）。我自己就經歷過一段相當長時間和老婆爭吵的日子，年輕時什麼事都能拿來吵，舉凡大事、小事都吵得跟仇人似的。嗯……！現在想想好像也沒有什麼大事，大多不是因爲表達方式聽起來不順耳，就是說話語氣不恰當，要不就是你想的和我想的不一樣。反正，總是吵到有人負氣離家出走，吵到有人大喊：「我……要……離……婚……」！這些都是常有的事。

我和我家老婆大人都是火象星座（我是牡羊座；老婆大人是獅子座），獅子座的老婆吵架哲理就是：「吵架就是要吵贏呀；不然幹嘛吵」，而學法律和牡羊座的我，吵架原則是：「就是要說服對方，就是要辯個是非對錯道理出來，如果對方硬拗毫不講理，就會越說越爆氣」。所以（年輕時）我和老婆大人，在各自堅持的吵架哲學與原則下，「妥協」二字根本不可能存在。

但是，隨著年齡日漸增長（其實是經年累月得到的教訓：每次吵完架後，就得自己想辦法覓食、衣服自己洗、兩人進入無聲的『冷戰』時期）。所以，我學會了「耳不聰、目不明、口條遲鈍和傻笑」這四大絕招，來面對婚姻中隨時可能爆發的戰爭。從此，我便享受著如老爺般的生活，大小事情老婆都會幫我安排處理得妥妥當當。這一招是我從建國中學附近，一家以四川擔擔麵和炒手聞名的麵店老闆和老闆娘互動中偷學來的。

談到這間我吃了超過三十年的老麵店，原先挺爲這對老闆和老闆娘的互動模式捏把冷汗，深怕他們會隨時爆發爭吵。因爲，常常一進到店裡只要老闆娘一忙，就會聽到老闆娘一直催促或叨唸老闆的聲音。這種情形如果發生在我和我老婆身上，一定會爆發口角戰爭！但是，我從未見過老闆和老闆娘因此有言語上的爭執。

家務事有理說不清，何不輕鬆看待

剛認識他們的時候，我很好奇到底是老闆沒有聽見老闆娘碎念，才沒有回嘴爭執？還是因爲老闆心性修爲深厚，所以情緒上不會受到老闆娘叨念的影響？

長期觀察下來，我發現每當老闆娘絮絮叨叨，叨念老闆動作慢、把麵、小菜送錯桌位……的時候，我從來沒有見過老闆不悅或動怒，甚至從未回嘴，只見老闆臉部表情依然愉悅，但努力加快動作。老闆這個細微動作，我確定老闆是有聽到老闆娘的叨念，只是老闆很有智慧的把心思放在趕快修正並努力的加快動作，用這樣的表現來回應老闆娘的不耐，自然化解一場可能發生的爭吵。

二〇二一年的某天，和老婆大人一起到這家麵店用餐時，再次看到老闆娘碎念老闆的場景，立馬給我來個機會教育：「老周，你看人家老闆脾氣多好呀！學著點別老愛跟我頂嘴……」。額頭上出現三條槓，很想基於本能的和老婆辯論一番，但這次我忍住了，和老闆一樣不回嘴，就是惦惦傻笑。沒想到我這樣的反應，老婆便未再繼續碎念下去（不知道是轉移注意力？還是覺得沒有繼續攻擊的力道）？那天竟意外享受到一次愉快的晚餐，而且還獲得老婆招待晚餐的獎賞。

這次學習店老闆面對老婆碎念的應變方式，竟然獲得意想不到令人愉快的結果，讓我深切體認到一個眞理：生活上的瑣碎事情，並不存在「道理」這種東西，夫妻是來「作伴」的；陪伴聊天的「伴」嘴令人感到愉悅，爭執辯論的「拌」嘴容易讓雙方都不愉快，不僅說不清所謂的「道理」，反而影響互動與情感（自己覓食、洗衣事小；離家出走，吵到離婚，就眞得事情大條了）。

健康無價，珍視是唯一途徑

家裡每一位成員彼此之間都是生命中最重要的人，任何一個人身體發生重大疾病都可能牽動全家人的生活作息，甚至改變人生未來的命運發展。這個道理我相信每個人都懂，但眞正懂得如何關心和照顧家人（包括自己）健康，避免發生重大疾病的人並不多，至少在我生活周遭親友中，對預防重大疾病的認知還相當欠缺。

阿國，就是其中一個典型的例子。阿國的父親和長兄有心血管疾病和腦部病變，但阿國從未意識到自己的基因（DNA）裡，或許也有相同風險而不以爲意。由於年輕時外派到中國大陸工作，經年累月應酬喝酒以及大陸飲食文化重油、重鹹等因素，對於有心血管和腦部病變基因的阿國來說，都是造成他心血管疾病風險產生的有形殺手。

果不其然，阿國二〇一六年甫回台灣不到二年的時間，就在二〇一八年

7月某日，腦部血管栓篩造成中風，身體左半邊手腳行動受到影響，阿國復健好長一段時間，在家休養整整一年，才逐漸恢復部分功能，到現在仍需固定時間回診，這種情形算是相當幸運的！

我常在想，大家都知道遺傳這種東西非常可怕，但卻很少人懂得如何避免遺傳風險發生在自己身上。我父親六十幾歲就多次中風，八十歲那年中秋節當日，因心肌梗塞離開我們。我和哥哥從年輕血壓就偏高，父親心肌梗塞讓我和哥哥頗為緊張，深怕我們是不是也遺傳到父親的基因？我可不想中年時，是在拄著拐杖的日子中渡過。

防範未然，瞭解「預防醫學」的重要性

人人都會說：「預防勝於治療」，但要如何做到精準正確的預防？恐怕不是每個人都能精準正確的說出預防方法吧！這方面的知識和觀念，台灣到目前為止還不是很普遍，一般人觀念上大多還是停留在有病治病的階段，頂

多在飲食和運動上多所關注。如果這樣是足夠的，就不應該會有好幾位年紀輕輕才三十幾歲，勤於健身運動的藝人，會突然主動脈剝離或其他病因突然離世。也有藝人生活作息相當規律正常，飲食也相當節制不菸、不酒、不油、不鹹，但竟也罹患大腸癌的案例。

雖然我不是學醫的，但近幾年因為年齡漸長已屆中年，就愈發覺得瞭解身體保健的知識非常重要，所以我報名上了「健康管理師」的課程，從中我學到最基本的預防醫學知識，也認識一些相當專業有使命感的醫生和護理人員，他們讓我真正理解所謂：「預防勝於治療」，得從瞭解自己的「基因」（DNA）開始。

前面提到的瑛眞，就是「基因檢測」的獲益者。二〇一九年底，「新冠肺炎」在全球各地肆虐，瑛眞原有教學工作被迫全部停擺，只好藉此機會暫時停歇她忙碌的工作。二〇二〇年五月某日，一位朋友拉著她去到一間診所，在聽取醫生解說後，她做了基因檢測。

瑛眞表示自己當時對基因檢測的功能還似懂非懂，只意識到醫生拿了一根像是棉花棒長長的東西，在她口腔左右側均勻的沾滿唾液（她想應該是在採檢什麼組織吧）！然後就見醫生把那根像棉花棒似的東西，放進一個器皿裡封存，並要她三個星期後再回診所聽取醫生解說基因報告。

三星期後，瑛眞依約回到診所聽取她的基因報告，醫生詳盡解說報告中分析出的各項基因呈現的意義和特定基因的風險值。瑛眞了解到在她的基因裡，遺傳到父母的高風險基因，爲了避免重蹈父母因爲先天基因風險罹患癌症的不幸，醫生具體建議瑛眞生活飲食上應注意的細節，並針對高風險基因介入適當的基因營養品。

瑛眞跟我說，最初她還有點埋怨拉著她做基因檢測的朋友，總覺得做這些檢測有什麼用，基因是天注定的有什麼辦法對抗不受遺傳影響？現在的她，不僅遵循醫囑正常飲食作息，也乖乖的介入適當的基因營養品，她學會精準的照顧自己身體，也懂得如何照顧家人。她更是不遺餘力地把基因檢測、預防醫學的正確觀念，分享傳遞給關心她和她關心的每一位親友。

善待自己的人生，既珍貴且必要

聊到這裡，瑛眞表情堅定的說，她一直是個懂得展現並推銷自己特色的老師，但她不懂業務更不懂如何推銷產品，她用自己的生命故事分享給需要的人，同時也幫助許多人透過專業醫療人員認識基因檢測和預防醫學的重要性，這讓她重新定位自己的生命價值。自從接觸預防醫學後，她更重視自己高風險基因部位的建康檢查和保養，對於遺傳自父母高風險基因不再那麼恐懼，心中那塊揮之不去的陰影也漸漸的消退。

我相信熱愛生命、熱愛工作的瑛眞，從今爾後一定更能健康自在地寄情於工作，偶爾放縱自己與腳架男友的逍遙遊[1]，盡情展現她的生命力度。瑛眞是如此懂得善待自己身體；善待自己的人生，著實給了我許多啟示！

聽完瑛眞介紹他與基因檢測和預防醫學結緣的故事後，一個意象浮現在我的腦海：我想到億萬富翁賈伯斯五十六歲時，因胰腺癌臨終前最後留下令人遺憾；不勝唏噓的一段話2：「我在商業世界中達到了成功的巔峰，在別人看來，我的生活是成功的縮影。但是，除了工作，我不怎麼快樂。最後，財富只是我習以為常的生活現實。就在這時，躺在病床上回憶起我的一生，我意識到所有的可能和我非常自豪的財富，在即將到的死亡面前變得蒼白，變得毫無意義。你可以聘請某人為你開車，為你賺錢，但你不能讓別人為你承擔疾病。可以找到丟失的物質，但有一件事在失去時永遠無法找到~生命。當一個人進入手術室時，他會發現還有一本沒有讀完的~健康生活書」。

每次讀到賈伯斯臨終前的這段話，總會讓我不禁眼眶泛紅爲之鼻酸。我不曉得有多少人讀懂，賈伯斯這段生命最後的分享，有多人因爲這段話獲得領悟?但是，我肯定直到現在，依然有許多人傳統心態上，認爲厄運不會降臨到自己身上，寧願將一生賺取的財富，在生命最後盡頭交給醫院卻再也喚不回健康；寧願花錢定期保養車子，也不願到了一定年齡，多花心思保養身體！

經由瑛眞對預防醫學發展的介紹，和我自己接受的「健康管理師」訓練，我眞心認爲人到一定年齡（越年輕越好），雖然一般年輕人仗著自己年輕，不在意自己基因如何，也比較不注重保養身體，所以我認爲至少在青壯年時期，就要建立預防醫學的概念（事實上，基因檢測越早做越好）[3]，讓自己和家人及早瞭解基因風險，才能有所依據，精準養成良好的作息和飲食習慣，做好家人的健康管理。

珍惜父母還有認知能力時的陪伴

有句老話：「樹欲靜而風不止；子欲養而親不待」，相信大家都耳熟能詳朗朗上口，也一定懂得其中道理。只是，現代人除了面對這種情形抱有遺憾之外，隨著高齡化現象日益普遍，家中「老年失智」問題，已然成爲現代家庭不得不重視的課題。

我母親二〇二二年7月辭世，享耆壽九十八歲看似相當高壽。然而，母親眞正還有意識的年齡，可能得往前拉到九十四歲的時候吧！我猶記得母親大約在九十二歲時，健康和認知能力墜涯式下降（我已經不太記得，媽媽到底是從什麼時候開始叫不出我的名子），醫生判定母親已進入老年失智後期。除此，母親另患有小腦萎縮和水腦症。這代表母親每日清醒時間會愈來愈少，愈來愈無法言語與意思表達，生活也將日益無法自理，而且情況只會越來越糟。

母親生病之後，包括我在內的三位子女（哥哥、姐姐和我），都相當努力的各盡所能照顧母親，讓母親不僅能安享晚年，更獲得有如老佛爺般的待遇（哥哥是家裡經濟能力最好的，請了兩位褓姆專職照顧母親，每天都會定時幫母親按摩，伸展母親的身體和運動），姊姊退休後全職陪伴母親，我則是假日有空時，偶爾帶著妻兒看看母親，兒子會逗弄試圖喚醒老是在昏睡中的「阿嬤」。運氣好的時候，母親會撐起她看似疲憊不堪的身體，努力打起精神帶著微笑看著我們點點頭，但也只能維持幾分鐘的時間，母親的「電力」就消耗殆盡，又會進入睡眠狀態。

多一次陪伴，少一分遺憾

母親餘生最後的三年，適逢二〇一九年底，全世界「新冠肺炎」疫情肆虐。初期，台灣老年人施打疫苗或染疫後致死率都相當高，家中有老人的大家都惶恐不安，不知道該如何是好！將近三年的時間，姐姐和母親與二位褓母怕被傳染幾乎足不出戶，當時恐懼的連在外面呼吸都覺得不安全。

爲避免母親感染新冠肺炎，姊姊不希望我們去看媽媽（擔心我們這些上班、上課的子孫，如果屬於無症狀確診，一不小心傳染給母親就麻煩大了）。因此，從疫情爆發開始，我們就只能從姊姊每天發到群組裡的視頻，才能看到母親。但因媽媽已無法言語，我們只能透過視頻看著媽媽的狀態，沒有辦法與母親對話互動，更無法擁抱母親。

母親辭世前的一年，多次嗆傷性肺炎住進醫院，住院期間又因爲疫情，只能有一位印尼褓母亞蒂貼身照顧母親，哥哥爲了讓母親和亞蒂享有最好的住院醫療品質，每次都安排頭等病房，只求母親諒解在她重病住院期間，我們無法像以前在她住院時，家人都會分配時間無縫接軌探望母親。而這段期間少了至親陪伴，實在是迫於防疫的無奈（在母親最後這幾年，亞蒂二十四小時無微不至照顧陪伴母親，或許母親最後的那段期間，眼中最熟悉的人就是亞蒂了）。

這三年來，我唯一能近距離看見母親，是她辭世的那個夜晚。二〇二二年7月6日凌晨，接獲醫院發出母親病危通知，我喚醒妻子與兒子火速趕往醫院。做完快篩經過護理人員確認陰性，我迅速衝進病房，只見母親身體一直搖晃著，彷彿正與要迎領她前往天國的天使爭執，我想母親是在爭取與我們做最後道別的時間。

與母親最後道別的追思會上，布幕播放著我們爲母親整理的生平照片，母親的一生平凡但豐富，我相信母親後半生是幸福的。我唯一最感遺憾的是在母親還有認知能力的時候，沒能多花些時間陪伴，總想著：「等我有時間去看老媽，卻忽略了老媽還有多少時間可以「等」？老媽還有多少時間能夠「認得」我？

有人對於「老年失智」做這樣的解讀：家裡長輩罹患老人失智症，其實是提前與家人「告別」，目的在減輕家人瞬間面對長輩親人辭世產生的悲傷，透過「老年失智」的狀態，與親人漸進式的道別，讓彼此的不捨與悲傷減輕到最低程度。我不知道這樣的解讀在靈魂學上是否成立？但是，這讓我眞心反省認為：眞的要好好珍惜家裡老人還有認知能力的時間。如果我們平常能夠做到：少一次應酬、少一次娛樂、少一天加班，就能多一次陪伴，少一點遺憾。

1 瑛真曾在她自己的臉書裡有一個專欄：《我與我的腳架男友》，述說自己一人獨自旅遊的故事。

2 資料來源：轉引自二〇一七年八月六日〈自由時報〉國際新聞：「網傳賈伯斯臨終遺言……發人深省的一席話」。https://news.ltn.com.tw/amp/news/world/breakingnews/2154775

3 預防醫學和基因檢測均屬於醫學專業知識，本書僅簡單陳述其梗概，專業上的內容仍應徵詢專業醫療人員。

五、優游自在的斜槓中年

人生遇到瓶頸的時候，正是上天賜予我們創造「人生進階版」的最佳機會！一帆風順、工作穩定固然安逸，但總覺得人生太過平淡，少了一些驚奇與故事。自古以來，最值得讓人細細品味的雋永故事，往往都是令人意想不到的「翻轉人生」。

打造你的「人生2.0」，現在正是時候

在我成長的年代，從小我們就被父母和師長教育要好好讀書，這樣長大以後才有機會出人頭地。只是……等我們完成求學階段準備進入社會的時候，父母卻又只希望我們找個「穩定的頭路」就好，不要整天「想空想縫」（台語發音），希望我們出人頭地的期許，便會自動隱藏起來。父母這樣的想法雖然有些矛盾，但我能理解天下父母心，對於子女前途發展，即期待子女有好的發展；但又怕子女在創業的路程受到傷害。

Melody 的人生前半段，就是這麼一位「遵循古法」提煉出來的老師。在家中排行老大，從小遵循父母旨意；求學時期努力讀書，以期他日頭角崢嶸。國立台北師專畢業後，理所當然地踏入教育界擔任國小老師。「老師」這份職業，完全符合父母後來「頭路穩定」的期待。

Melody 的教育生涯轉眼過了二十年，人生最菁華的歲月都奉獻在作育英

才上，也由於對教育充滿熱忱，曾經與最要好的朋友一起籌備創辦一所小學。對 Melody 而言：教育這檔事，不僅是一份職業更「曾經」是生命中的最愛與唯一，卻在擔任輔導室主任之後，對教育的志業產生動搖，而有退縮的念頭……

到底發生了什麼事，讓一位以教育爲志業，願意奉獻長達二十年青春歲月的教育工作者，失去對教育的熱忱，並開始改變自己人生的思維？

「當時的教育環境，家長會方面強勢表達自己的家長權；而教師方也主張自己的教師權，眼見雙方團體伸張自己權利時，完全忽略學生的受教權，身爲輔導室主任的我，夾在兩大團體間，別說輔導學生，斡旋與折衝家長和老師之間的異見，當時我有一種快要溺水的感覺，自己都快成爲被輔導的人，我需要趕快尋找人生的出路，現在回想起來，我懷疑當時可能自己都有輕度憂鬱症！」，Melody 悠悠地述說當時所承受的巨大壓力與無奈。種種這一切「教學外的另一章」，讓他開始懷疑人生，第一次認眞思考並與自己對話。

四十歲後的 Melody 和自己對話：「一輩子還很長，我現在才剛過四十歲，難道爲了追求穩定，我就得繼續教書到退休？難道我一輩子就只能在教書的日子裡渡過？過去因爲專注教育忽略家庭，難道我還要繼續這樣拋夫棄子？一生只有一次，我不能有別的選擇，過不一樣的生活嗎？往後餘生我能不能爲自己而活？Melody，是的，是到該改變的時候了」。

緣於對現實狀態的不滿與困頓，以及自己人生究竟追求什麼的反思，開啓 Melody 對未來人生不一樣的思維。最終，他毅然決然離開二十年的教職，並且果斷執行「斷、捨、離」，從有形物品開始，包括：所有的獎盃、獎章、獎狀和照片全部丟棄，Melody 說：「丟東西的過程；同時也丟掉了回憶……」

Melody 會選擇離開教育界；是意識到生命不該浪費在永無止境和毫無意義的權力爭鬥。前面曾經提到的重生和瑛眞，也都是在工作事業低潮面臨危機的時候，開始自我檢視「我是誰？我在那裡？」，才警覺應該誠實面對自己，認眞尋找「事業上的另一章」！我始終覺得，人生遇到瓶頸的時候，正是上天賜予我們創造「人生進階版」的最佳機會！一帆風順工作穩定固然安逸，但總覺得人生太過平淡，少了些驚奇與故事。從來最值得閱讀的雋永故事，永遠是意想不到的「翻轉人生」。

順勢而爲，與下一段事業結緣

談到這裡，我得和孔子老人家抬槓一下！孔子說：「四十而不惑、五十知天命」，看來孔子認爲人到四、五十歲的時候，都要能按照自己人生規劃「照表操課」的資優生！對於無法依照規劃循序實現理想的中段班學生，難道就只能俯首認命？孔子老人家不是要因材施教嗎？怎麼好像忘了照顧一下我們的需求，也指點我們一些可以修正人生方向的處世解方？

在競爭激烈、充滿各種誘惑、挑戰和快速變化的現代社會，人的一生要能夠一帆風順達成自己年輕時規劃的人生目標，需要主、客觀各方面條件與資源都能充分滿足與配合，才有辦法達到孔子所說四十而不惑、五十知天命的境界吧！大多數人的人生曲線都是邊走邊修正，並不是所有的人都能如此順遂，這和你優不優秀無關。而是，許多非預期的外力介入或不可預知的環境變化，都有可能影響或改變人生的命運！

重生、瑛眞和 Melody 三人，原本在各自發展的工作領域表現相當優異，但或因產業式微或因人事鬥爭，都在中年時期遇到事業上的瓶頸。他們也都是在經歷內心世界和現實生活一番天人交戰之後，決定坦然聽從「內心的聲音」，順應當下已然改變的人生軌跡，不再怨懟先前受到的挫折與對待，而是積極與「下一段」事業結緣，並且各自創造不一樣的「人生二・〇」。

重生，每次提到這位死黨的職場生涯，總會爲他的遭遇感到不捨與同情。我所認識的重生，是一位思辨能力和整合能力相當強的職場高手，任職NG公司期間屢建奇功。但卻不見容於二位空降高層，千方百計非將重生除之而後快。離開NG公司後，他可以同時協助多家中小企業處理與銀行的投資爭議，可見他投入工作的精神和解決問題能力，是在一定水準之上！

只是，大家知道職場上的文化，總有一些高層就會做官；不會做事，許多會做事、能做事、肯做事的「中堅」幹部；就永遠只能是「中階」幹部，做事想到他；升官沒有他。重生對於職場文化早已經看透，他認為完全取決於主管或老闆的喜惡，就算再有能力、再努力，功績卓著，如果不得主管老闆喜歡，也不會有太好的發展，有些主管甚至因為下屬表現鋒芒太露；害怕超越自己，會刻意打壓部屬的表現和升遷發展。

歷經職場上的不如意後，五十餘歲的重生認清職場爾虞我詐的現實，近幾年雖然因為協助中小企業處理和銀行的投資糾紛，而受到多家老闆禮遇對待，但他心裡始終存在著極度的不安全感！重生開始多角化經營自己的工作觸角（以現在最夯的用語就是「斜槓」）。他把協助多家企業處理和銀行投資爭議的資料與心得撰寫成書，另外開啓他的創作生涯，並順勢成為斜槓的職業作家。

選擇以「爬格子」爲職業的作家，每天與文字爲伍，除了必須耐得住寂寞還得忍受孤獨甚至要喜歡孤獨。最近我到重生家裡拜訪，看他一個人埋首在書房，絞盡腦汁；費盡心思創作的專注模樣，明顯感受到他非常滿意現在的生活。重生一路走來顚簸不平的職業路，他不怕隨時被迫脫離安逸的舒適圈，反而勇於不斷反思檢討和不斷修正自己的生命軌跡。

或許，他無法四十不惑；但我相信他一定知天命！這一局，重生順勢而爲與下一段的職業「作家」結緣。不管未來如何，我認爲重生做了自己想做的；該做的，這何嘗不是一種人生的成就。

放下恐懼，讓人生歸零重新學起

許多人因為對現況心生不滿，起心動念打算離開現職轉換跑道的時候，第一個浮上心頭的就是「恐懼」！尤其是在原先產業已經擔任到中高階主管，或原先從事的行業，在社會上普遍被認為屬於優渥安逸或高科技產業者，如果轉換的跑道，刻板印象屬於推銷或服務性質的行業時，面臨到的「莫名恐懼感」和「與自尊心鬥爭」（就是說：拉不下面子；放不下身段），更是百倍於其他行業。

Melody 從一個有二十年教學經驗的小學老師及輔導室主任，跨行一腳踏入健康食品組織行銷產業，對於上面提到的「恐懼感」和「與自尊心鬥爭」，相信她的感受最深。

Melody 述說她剛進入健康食品組織行銷行業時，她完全不敢向家人提這件事，更不敢告訴父親她已轉行從事傳銷。就算後來父親知道此事，也不好意思跟朋友說她女兒現在的行業，這段期間是Melody跨入組織行銷產業，身心最受煎熬的一段時期，親戚朋友都用異樣眼光，表達對她轉行從事傳銷事業不以爲然，甚至有朋友避而遠之。所幸，帶領Melody進入傳銷事業的白老師，是她當時堅強的後盾與導師，不斷激勵她並給予正面能量的思維。另外，因爲Melody長期擔任老師，而且人格特質對於自己認定「對」的事，她很清楚傳銷事業賺取被動收入，沒有什麼不好更沒有什麼不對，對此她具有堅定的信念與決心。所以，很快就度過那段「恐懼期」與「和自尊心鬥爭」的階段。

Melody曾說：「許多輔導轉職的主管，都忽略轉職者的心理現象：每一位轉職者，皆會經歷一段恐懼期，這種恐懼的心理沒有被輔導消除，任何新的事物都學不來的，也不會有信心和毅力做好新的工作。而且，這種轉職恐懼期不管幾歲，就算三十歲年輕人也會發生，轉職恐懼並不是中年的專利」。

願意重新學習，方有機會脫胎換骨

至於她消除恐懼的解方就是：「任何人一定要對轉職產業的歷史文化和商業模式產生的背景有所瞭解，才不會人云亦云，受到外界錯誤的刻板印象誤導，而對自己即將從事的工作產生質疑。以我自己從小學老師跨界到組織行銷這個產業爲例，一開始我追隨的老師就清楚告訴我：『組織行銷』，是相當人性化的商業模式」。

談到這裡，Melody 有點激動地強調：「許多人對組織行銷有很深的誤解，把它和『老鼠會』畫上等號實在很冤枉，這其中有相當大的誤解。所以，如果有朋友想推薦妳從事組織行銷，我建議先不要拒絕，最好花一些時間好好瞭解這個產業、公司、產品，對別人和對自己的幫助。」Melody 接著說：「如果有人拒絕我推薦的產品，我會直接問他：你拒絕的理由是因爲傳銷的商業模式還是產品」？然後我會針對問題「直球對決」，我會將傳銷產品的訂價模式和傳統通路銷售商品的價格做比較，讓消費者清楚知道；傳銷通路是將商品大部分的利潤分配給幫他分享產品的「平民」代言人，而傳統通路大部分的利潤，都投入在廣告和「明星」代言人的身上。就相同等級的商品來說，往往傳統通路銷售的終端價格，會高於傳銷商品的價格。

當我們對跨界產業的歷史起源、文化和商業模式有了詳細瞭解後，才能堅信自己投身的產業和公司是值得的，方有可能消除莫名恐懼的心魔。接下來，還要懂得將一切歸零（自以爲是的歸零），要將「無謂」的自尊心移除，願意重新學習，才有可能脫胎換骨，獲得在另一個產業的成就（Melody 堅定的如此認爲）。

創造「被動收入」實在太重要了！

相較於重生職場生涯的起伏，瑛眞和 Melody 兩位美女老師，在事業轉折的十字路口上，也是歷經好幾波的沉潛與奮起。她們兩位都是因爲新冠疫情，改變原有的生命軌跡，冥冥之中引領她們進入到另一個事業巔峰，但是她們更懂得掌握契機和舞台，盡情揮灑熱情與能力。

兩位老師離開原先的教學工作，最後都選擇經營有「被動收入」的行業。尤其聽過她們的課程後，深切體認到中年甚至年輕的時候，就應該要懂得經營發展被動收入，她們兩位都強調：這不僅是生財之道，更是「自我長期照顧之道」。爲什麼才邁入中年，就想到退休後的「自我長期照顧」？聽完兩位老師共同的論點後，我眞心覺得這是一個値得重視的課題，隨著醫療科技進步發展，國人平均壽命越來越長壽，但物價和通膨也愈來愈高，勞保退休年金能夠支應老年的生活費用，恐怕也會越來越顯不足。然而，隨著年齡增長與體能江河日下，賺錢謀生能力更是日益薄弱。伴隨而來，必須面臨老年生活費用不足，但已無謀生能力的問題。現代一般家庭普遍存在「少子化」情形，未來養兒防老已是不可期待之事，眞的需要好好預做準備，爲自己盤算籌措年邁後的生活費。

談到創造財富自由，瑛眞可是投資理財和賺取被動收入的高手。前面提到她曾是一位教授「壓克力彩繪」的美術老師，她說：「我的人生像是『倒吃甘蔗』耶！邁入中年後我才眞正覺得達到『財富自由』，不僅擁有豐厚的被動收入，還能擁抱健康和享受率性自在的人生」。聽完瑛眞這麼描述她現在的生活，眞是羨煞人了！我迫不及待地追問她是怎麼做到的？

涂瑛眞毫不保留的說：「我從年輕就懂得設定目標；可以說我是完全的『目標導向者』。只要設定好目標，我能不眠不休；沒日沒夜的學習和工作，一定要達成目標。我很懂得掌握市場趨勢和先機，當新竹還沒人知道什麼是『壓克力彩繪』的時候，我早已經學會這項畫風。在新竹地區我算是第一個傳授『壓克力彩繪』的老師，這項技能爲我賺進不少錢。只是，從我這裡學會的人也陸續開班授徒，開枝散葉教授這項技能的人越來越多，我的收入自然日益減少，所以決定急流勇退，退出這個行業。這時候我開始思考，接下來我究竟要做什麼」？

退出「壓克力彩繪」教學後，瑛眞其實內心滿懷惆悵與失落（一手教出來的學生，一個個從師徒關係成爲競爭對手，也間接改變新竹『壓克力彩繪教學』的市場行情，雖然明知無可厚非，但一時間心裡還是難以釋懷），對未來更是充滿不確定感。

不久，全世界「新冠肺炎」疫情爆發，一些需要人與人密切接觸的產業，都面臨生存危機。同時，人們更加重視自體免疫力的重要性（疫苗安全性頻頻受到質疑；許多醫生呼籲最重要的還是增強自體免疫力）。就在這樣主、客觀環境丕變下，一次被動與基因檢測的巧遇，瑛眞的職業生涯，發生她從未料想到的重大改變，這個改變讓她再一次攀向事業巓峰，瑛眞轉述她改變的過程……

兼顧事業與健康，華麗轉身不是問題

二〇二〇年5月某日，經由閨蜜的介紹瑛眞做了對她影響深遠的「基因檢測」。診所醫生用一根看似棉花棒的採檢棒，在瑛眞口腔左右內側採集檢體。等待約莫三個星期檢測報告終於出來了，報告中呈現出「基因位點」，幾乎都遺傳到父母的癌症高風險（瑛眞父母親都在青壯年時，因爲罹患癌症相繼過世）！這讓瑛眞警覺即將邁入中年的她，應該要多關注自己的健康，不能再像以前恣意蹂躪自己的身體。她憑藉自己對市場趨勢慣有的敏銳度，心裡開始盤算思考有沒有一種工作，可以把健康和事業同時兼顧？

當把這樣的想法透露給閨蜜時，閨蜜莞爾一笑：「哎呀！你怎麼不早說？先前妳在診所做的基因檢測，其中關係企業經營模式可以符合妳的需求」。瑛眞還沒意會過來呢，就被閨蜜拉去拜訪關係企業的執行董事吳承燁

（閨蜜說在公司大家都叫煒哥），閨蜜向煒哥說明來意後。煒哥很有耐心的向瑛眞介紹公司的發展歷程，說一些讓瑛眞聽不太懂的商業用語；像是「組織行銷」和「被動收入」，聽起來隱約是要賣產品？

此時，瑛眞已經有點不耐煩，直接對煒哥表示：「我只會展現個人在繪畫方面的專業形象和風格，我不會賣產品；也不想做推銷員」。雖然場面有點尷尬，但煒哥並沒有任何不悅，依然以沉穩和緩的語調，針對瑛眞的疑慮進一步說明：「許多人對『組織行銷』有很多的誤解，其實這是一個很好的制度，是相當符合人性的商業模式」。

煒哥舉一個例子：「瑛眞，如果今天你帶我去一家餐廳吃飯，我覺得妳介紹的這家餐廳不錯，過沒幾天我也帶A朋友和B朋友到這家餐廳消費。又過沒幾天，A朋友也帶了C家人和D家人來這家餐廳消費；B朋友也約了E、F、G等三位同學到這家餐廳聚餐。請問這家餐廳因爲妳而產生的收益，跟妳有沒有關係？這家餐廳會不會發給妳一筆獎金，感謝因爲妳介紹那麼多人來消費」？瑛眞不假思索回答：「後面那些人會到這家餐廳用餐，這樣看來和我是有點關係，但是，餐廳當然不會發獎金給我」。

聽完瑛眞的回答，燁哥又再提問：「如果，我開一家餐廳，妳帶朋友A和B來消費，我就幫你加入會員，以後妳朋友A或B帶來的C朋友、D同學、E同事和F家人來消費，我把利潤撥一些給妳，感謝妳因爲介紹朋友來消費的回饋，這樣好不好」？金牛座的瑛眞聽到「回饋」二字，眼睛一亮：「當然好呀！」

眼看瑛眞興緻來了，燁哥又追問了一題：「從剛才上面的例子，請問有任何人有推銷行爲嗎？」這麼猛然一問，讓聰明的瑛眞當場愣了一下！

燁哥開始完整解說「組織行銷」與「被動收入」的關聯：組織行銷存在於人與人之間的信任，和人對產品的忠誠度，講求互助及「共好」的商業模式，只有一個人的好不是好；也好不了，是要團隊大家一起好。個人魅力在組織行銷具有相當大的加分效果，團隊需要有魅力的領導人凝聚大家向心力。所以，組織行銷的精神是重在「重複消費」而不是「反覆銷售」。

接著，燁哥話鋒一轉，直接切入主題：賺取「被動收入」太重要了！

燁哥又開始展開連環提問攻勢：「妳現在的工作，如果有一段時間（或許是因為旅行、帶小孩或是其他原因）無法繼續工作，妳還會繼續有收入嗎？」「如果妳身上有一千萬，但不再有收入；和身上沒有存款，但每個月不工作都有五萬元的收入，妳會選哪一種」？

這次，燁哥不等瑛眞回答，就直接公布大多數人的想法：當然是可以有源源不絕，每個月不工作都還會有五萬元的收入。這說明人們普遍的共同心理，人是極度沒有安全感的動物，如果以後不再有收入，就算身上有一千萬，也不會有安全感。但人總是會年老體衰無法再工作賺錢，因此燁哥從年輕時就知道透過「組織行銷」賺取「被動收入」的重要性。這幾十年來不管是：

Sares、金融風暴或是新冠疫情甚至長期旅遊，燁哥都還能保有爲數可觀的被動收入。

聽完燁哥的解說，瑛眞從此便相當認分，跟著燁哥學習組織行銷的正確觀念和做法。瑛眞憑藉「要就做最好的」信念，短短二年間就拚下新竹一間房子的頭期款，並且還斥資新台幣一百萬元到南極旅遊三十天（這三十天瑛眞依然有相當不錯的被動收入進帳），無怪乎，瑛眞也一直強調：「被動收入太重要了」！

建構「被動收入」系統及來源

另一位深受被動收入嘉惠的 Melody，更是肯定被動收入對中老年人的重要性。離開教職後 Melody 跟隨一位白老師（在業界多稱具有相當輩分和地位者爲『老師』），從事保健食品傳銷事業，一待就是十年。那段期間，各方面都必須完全遵照白老師的標準，進行一連串的改造（包括：服裝儀容與言行舉止）。

Melody 回想那十年，長期處於白老師威權高壓領導風格下，辛苦學習、成長，很不容易的存活下來。白老師的領導風格，沒讓 Melody 有太多思考和發展自我意識的機會，對於白老師的指令 Melody 只能做到絕對服從與複製，因此深獲白老師器重並拔擢爲核心幹部。

跟隨白老師經營傳銷事業十年，Melody 在同儕中表現亮麗賺到不少錢。但是，近幾年身體出現一些狀況，她猜想應該是長期過度勞累，所以大量補充公司銷售的保健食品，但健康情況並未獲得改善。因此決定暫時退出保健食品傳銷工作，先休息一陣子。在她休息不工作的那兩年，所幸她還有被動收入支應她的生活開銷，因爲如此眞實的受惠，Melody 更是特別肯定被動收入的重要性。

兩年多前，一位八十幾歲高齡的長輩「卓董」，知道 Melody 身體出了一些狀況，強力推薦她做「基因檢測」，一開始 Melody 還半信半疑，但卓董堅持帶她去諮詢醫師，經過專業醫師耐心詳細的介紹什麼是基因檢測後，她點頭答應做了基因檢測。幾周後檢測報告出爐，透過健康管理師鉅細靡遺的解說後，這才知道自己先天基因醣類代謝高風險，猛然意識到這幾年都吃錯保健食品，難怪身體狀況一直沒有獲得改善。

透過基因檢測瞭解到自己先天基因風險後，Melody 對於透過基因檢測介入適當基因保健品的作法相當肯定，認爲這才是專業保健食品產業該有的作法。Melody 很好奇這間公司明明應該也是傳銷產業，但接觸到公司的人，竟然沒有任何一位向她提出加入團隊的要求？只請她先好好感受這個大家庭的溫暖，Melody心想這是什麼「套路」呀？

打造老後的財富自由，樂活人生自己來

身爲長女的Melody從小就喜歡照顧人，第一次聽到要她好好感受大家庭的溫暖，還眞是不習慣，但心想這可能只是社交話術，所以並不以爲意。過沒幾天，公司的A董（公司董事Alex，大家都簡稱他A董）主動聯絡拜訪，Melody甚是驚訝！

談到A董，在Melody人生最消沉時候，這位組織行銷界的高手，給予她正確組織行銷觀念和幫助她找回工作使命的貴人……

A董是一位虔誠的基督徒，推廣基因檢測觀念已有相當時間，因爲他而認識基因檢測；進而做過基因檢測的人已超過千人。A董原本是位地產高

手，在本業經營相當成功，在四十歲那年透過一位朋友介紹做了基因檢測，基因報告顯示大腸癌呈現高風險。因此，他進一步做了大腸癌篩檢，並發現已罹患初期大腸癌。所幸，及早發現；及早治療，很快得到治癒。

A董知道這一切平安，皆是拜基因檢測所賜，所以抱著感恩的心，從此發願加入推廣基因檢測的行列，用自己親身經歷的故事，幫助更多人瞭解自己身體，並正確照顧身體健康。

Melody 回憶起那天A董拜訪她的情境，A董知道她當時不僅身體出了些狀況而暫停原有傳銷事業外，家庭也有一些不足爲外人道的問題。A董這次拜訪並沒有提到任何邀請 Melody 加入團隊經營的話題，反而主動提出爲 Melody 禱告的請求，A董的這一個舉動讓她當下感動到眼眶泛淚，這是她自懂事以來，第一次感受到來自他人給予的溫暖。

Melody 對比A董和白老師兩位經營事業截然不同的風格，觀察到A董有一顆溫暖眞誠的心，他從愛自己出發再將愛自己的方式推廣至其他人。換句話說：就是以幫助他人瞭解基因檢測和正確照顧身體爲使命，並經由實踐這些使命，賺取應得的被動收入，爲他中老年後安身立命的重要工具。Melody特別強調，上面所說：「使命」和「工具」，在心中排列的順序相當重要，絕對不能本末倒置。

Melody先前有近十年「盲目」銷售保健食品的經驗，這次，透過基因檢測學到正確介入基因保健食品的觀念，並觀察A董不同於白老師經營組織行銷的風格。Melody內心彭湃洶湧，她肯定A董傳授她的這些觀念和作法，才是她眞正該學該做的。最終，她不再猶豫與觀望主動加入A董團隊，僅僅花了一年多的時間，Melody打造的組織團隊與營運績效快速成長，不僅晉身爲高階領導幹部，更獲得集團總裁頒贈公司股票，除快速發展事業身價外，同時更不斷累積被動收入來源。Melody說：「這一切都是爲了建構她未來中老年時，擁有財富自由和安穩無虞的生活」。

書中兩位擔任教學工作二十多年的涂瑛眞和 Melody，年近中年卻依然大膽勇敢的轉職從事組織行銷產業，兩人的故事告訴我們：不管是中年還是青壯年，趁還有體力、能力和人脈的時候，趕快建構被動收入系統及來源。當然，被動收入並不限於組織行銷，舉凡：租金收入、股息收入等等皆是，其差別只在於哪一種可長可久？

瑛眞與 Melody 兩人的觀念和做法，與暢銷書《富爸爸窮爸爸》系列叢書，談到的觀念不謀而合（或許她們就是《富爸爸窮爸爸》叢書的忠實讀者）。我因爲協助中小企業主處理和銀行的糾紛，認識不少有錢人，發現這些有錢人花錢的邏輯是：「省小錢；花大錢」（小錢斤斤計較；但隨便一下就被騙個幾千萬），而他們賺錢的哲學則是：「賺大錢；不賺小錢」（對賺小錢興趣缺缺；眼光相當獨到，要就賺大的）。有句話眞的很貼切：「貧窮限制了我的想像」。

被動收入可以讓我們有機會財富自由，成爲富爸爸富媽媽，但首要改變的就是我們被禁錮已久的賺錢觀念。以下統整《富爸爸窮爸爸》叢書中，有錢人的思維：有錢人賺錢靠的是「信念和系統」；中產階級賺錢本事則是「學歷及知識」；而中下階層謀生能力靠的是「體力與技能」。

換句話說，中產階級和中下階層，有做才有錢賺；不能失業、不能有身障風險、不能生重病，更不能失智與失能。瑛眞與Melody選擇經營組織行銷，就是趁還有體力、能力與智力的時候，透過人脈存摺、教育訓練和方法複製的模組及系統，建構一群龐大且忠實的「消費」會員。

事實上，這種觀念及運作模式在隨處可見的便利商店，早已如火如荼的發展中。只是組織行銷選擇捨棄需要龐大資金設立店面的方式，採行無店面的人海戰術，建構無遠弗屆和累積龐大的「重複消費體系」。

人生不設限——每一段路，都是能量的累積

記得我在國中上英文課時，學過一句西方諺語：「滾石不生苔」（A rolling stone gathers no moss.），這句諺語有兩種截然不同的詮釋版本：我將二種詮釋內容分別記述如下，看哪一種詮釋較符合現代社會的認同？

第一種詮釋者認爲：如果石頭不滾動，在石頭表面就會漸漸長出一片青苔覆蓋石頭，於是再也沒有向前滾動的勇氣。換句話說：就是安於現狀不敢脫離舒適圈，只會固步自封越來越保守，全身附著一些守舊的惰性氣息（青苔）。因此，認爲石頭就該不斷滾動，人生就該不斷變換環境不斷突破自我。

第二種詮釋則認爲：如果石頭一直滾動，就不可能在表面累積青苔（經驗與財富），只是不停奔走，終其一生只是一顆沒有累積出價值的石頭。簡單的說，工作朝三暮四沒有定性的人成不了大氣候。因此，認爲好石頭是不隨意滾動的。

我的朋友之中，上面兩種情形的人都有，因爲滾動和不滾動；培養出來的能力似乎有所不同。

重生就是典型的「滾石族」，大學畢業到現在二十幾年的職業生涯，歷練過的產業和職務頗爲豐富。產險公司法務是他第一份工作、其後歷經律師事務所助理、壽險業務員、財務顧問公司催收、工程公司法務、傳銷公司總經理特助、製造業法務主管和人力資源主管、近幾年曾「同時」擔任多家中小企業「金融」法律顧問和現在的職業作家，他的工作樣態和跨領域專業，還眞是多采多姿！

我歸納總結他的工作層面，法律方面：所涉獵的就含括：產險法務、法律催收、工程法務、製造業法務和金融法律。其他跨領域職務：曾擔任壽險業務員、總經理特別助理、一般法務主管、金融法律顧問、人資主管及作家。據我所知，他還念了傳播學院的EMA並以優異成績畢業。對他的這些歷練不得不說著實有些佩服，但又好奇他怎麼有如此勇氣「滾來滾去」？又是如何可以勝任那麼多種不同職務?他這種「滾動式」職業生涯到底是好是壞?

面對我一連串的問號,重生不疾不徐的逐一回答:「唉!其實許多時候都無法按照人生規劃前行,我會如此頻繁變動,有些時候是受到外在環境因素影響,迫使我不得不有所調整;當然有些則是我自己想要嚐試不同職務,主動去挑戰。但是,不管『被動』調整還是『主動』改變,我都會用心學習,讓自己成為專業人士。除了剛出社會時還在摸索階段,其後每次職業轉換或職務調整,都是在原本職業(務)已有相當成績或職位,被迫調整或被迫離開,或自己想要挑戰不同職業(或不同領域),而選擇離開原有的舒適圈」。

重生接著說:「若是你問我,如果人生可以重來一次,我還會不會選擇這樣的職業生涯?我的答案是:『當然會』。雖然,這二十幾年來,有因為失業而意志消沉,卻也因為有如此豐富的職場閱歷,針對各種不同領域的問題,都能有相當知識克服解決,所以才有能力擔任總經理特助,有方法和能力同時擔任多家中小企業金融法律顧問,也才有足夠的人生體驗和素材寫作」。

最後，重生將「滾石不生苔」這句諺語下了註解：對這個「苔」字，他解讀爲「固化；僵化」的意思。他認爲滾動的職業（務），我們的思維及心智，才能不斷受到新事物的刺激而活化成長，而且蓄積能量的範圍更大更廣，並沒有什麼不好，重點是如何將這些累積的能量，在未來的每一個職業（務），可以創造與展現更大的才能及實力。

計畫總趕不上變化，時時裝備準沒錯

本書並不是鼓勵讀者，積極主動頻繁變換工作，只是想傳達異於傳統保守的思維。傳統想法認爲：一個人頻繁轉換職業就是不安於室；就是滾石不生苔，無法累積財富與資源。但我認爲，只要每次轉換職業或工作，都能懂得統整不同職業累積的經驗，加以運用並跨領域整合專業與創新，一樣可以累積財富與資源。

就像重生從企業法務到金融法務；從人資主管到作家，每一次進階都能將先前累積的專業知識加以運用。而瑛眞與 Melody 從教職轉換到組織行銷產業後，都能將老師的特質發揮的淋漓盡職，依然能在組織行銷的職場裡，傳道（傳授組織行銷的基本原則）、授業（指導團隊成員武林秘技）、解惑（解決團隊夥伴工作推動上的困惑與盲點）。就算不停的轉換跑道，也一樣能不斷累積能量與智慧，並且創造更寬廣的成就與財富。

六、學習與樂活

中年時期若能重拾學習熱忱，調整人生腳步，「學中做，做中學」成就感自然來，我們的體態與心性整體感覺也會變年輕。更要珍惜上天賦予我們五官具有的感知能力，在生活中變化細節創造儀式感，享受有品味的樂活人生！

「學習」是保持年輕的葵花寶典

人生不同階段，都會面臨未曾經歷過的難題。中年時期除了需要應付長官、部屬、同僚及客戶外，還要照顧年邁多病或失智的父母、與子女相處溝通（尤其邁入叛逆期的子女），以及適應日漸邁入更年期的另一半與自己……。面對這些種種未曾遭遇過的難題，我們總是戰戰兢兢、逢迎拍馬、職業倦怠、恐慌憂鬱、戒慎恐懼相互交疊的生活著，早已對工作及生活以外事務，不再抱有任何興趣。

因此，許多超過四十歲的中年人，除了職場上需要的專業知識與技能外，對於其他領域知識和觀念的吸收，似乎皆已停滯學習。我察覺在這種情形下的中年人，外表老化的程度，會較不斷學習新事務的同年齡人來得嚴重，這在傳統製造業且公司文化保守的員工，看起來又格外明顯。觀察其中原因，不外乎這種傳統產業公司會要求員工中規中矩，最好不要有太多創新和意見。久而久之，員工已經習慣於固化的工作模式和制式生活型態，所以學習這件事，對他們而言即遙遠又陌生。

我就曾經在文化保守的傳統製造業工作打滾十幾年，許多同事年紀和我相仿，不僅心態保守而且都已老態畢現，更是已經沒有學習成長的激情與動能。還好拜父母所賜，我天生反骨；對於工作喜新厭舊「不耐久做」（不喜歡長久反覆做同樣工作）。所以，「學習」新事物是讓我保有工作熱度和使命感的最佳工具。每次學習總讓我能量滿滿，彷彿又回到學生時代，充滿對人生的願景與挑戰的衝勁（直到現在，就算已近花甲之年，『學習』依然使我保有『改變』和向前的動力，心智方面更是保有一顆年輕的心）。

彌補上半場的人生缺憾

二〇〇八年，當時已屆齡四十五歲的我，在一個偶然的機緣下，開啓「樂學，自學」的中年人生，從此「學習」成爲我生命中不可或缺的生活模式。

那年，奉命建置公司人力資源發展系統（包括：公司人才培育、接班人計劃、在職教育訓練、獎酬制度、人員配置、升遷制度、輪調制度與AI系統等），我特別向當時彰化師範大學「人力資源管理研究所」張火燦教授，請益學習人力資源管理實務相關知識。

這次接觸專業的人力資源實用知識，對我而言是一個全新的領域，並且認知人力資源在企業內部實在太重要了，可以「玩」的地方實在太多了！完全有別於傳統單純的「人事」功能。（在此我用「玩」這個字眼，並不是眞的用玩樂的心態，而是知道可能得罪一些既得利益者（也許會遭到讒言算計），但我依然抱持（樂於）「創新」和「實踐」的態度，坦然面對一切挑戰，並勇敢「改變」公司不合時宜的人事制度。我想要透過這樣的實踐，來驗證人力資源管理，對企業發展到底切不切合實際（所以我所謂的『玩』，實際上是以實證的心態，來驗證學理上的管理模式，到底符不符合企業上的需求，並找出實務和理論上的落差）。這種「學中做；做中學」的工作模式，能將學理與實務結合，是一件很有成就感的事。

接任新職務後，我一方面除了學習人力資源管理外，還跑去讀了傳播學院，開始和媒體界同學的第一類接觸。在傳播學院碩士在職專班，提供我學習的對象除了老師在教室裡傳授的傳播理論外，另一個讓我獲益良多的還有班上媒體界同學，新聞傳播和公關實務的分享。對了！在班上最讓我開心的：就是欣賞媒體同學彼此「練肖話」和毫無惡地對我這位長輩（老周）的逗弄（同學來自各行各業的頂尖高手，但在班上我年齡排行老二，和多數同學有將近十幾歲的差距），但我一點都不在意，反而覺得有一種被毫無掩飾「嫌棄」[1]的「爽」！哈哈，是不是有點賤賤的？

和這群年齡差距十幾歲的同學相處，雖然，觀念上存有一些代溝卻毫無違和感。除了沒有任何利害關係外，我們這些「長輩」都願意完全拋開身段和年齡，完全配合年輕同學玩的「梗」，我們也跟著年輕人的想法參與其中，大家反而像兄弟姊妹彼此照顧支援；大家相處非常團結和樂。

事實上，年輕同學能力和創意都比我們優秀靈活，我們這些有點年紀的中年大叔、阿姨眞的要承認這點，不要總愛倚老賣老，這樣我們才能跟得上時代進步的巨輪。重回校園的日子，每周上課日都是我最開心；最沒有壓力的一天。中年時期若能夠再回學校重拾學生身分，一方面可以讓生活步調放慢腳步，身心靈獲得沉澱與釋放，重新調整人生方向，還能讓我們體態和心性上整體感覺都變年輕，我覺得這是一種幸福！

重返校園，「學中做，做中學」，成就感自然來

中年「學習」不是爲了文憑，更不爲成全旁人的期待，「樂趣」或「實用」才是最主要的目的與動力。抱持著這種學習心態，就會發現好多技能都好想學。

我是這麼想的；我們學會越多技能（這裡指的技能，不是爲了謀生用的），是爲了豐富自己的生活體驗，或是因爲小時候家庭經濟不允許；或其他因素想學不能學或學不好的技能，透過中年以後有錢又有閒的時候，回過頭學習彌補年輕時的缺憾，這樣中年以後的生活，也就不無聊了啦！

始終好羨慕英文口語能力流暢的人，每次遇到有人可以和老外運用流利的英語對話，我都會抱著羨慕的眼光看看是什麼樣的人？對這種人我就只有兩個字「崇拜」！

「英語」；是我又恨又愛的語文。記得國中一年級的時候，導師是全校最「威權嚴厲」的英文老師，理論上擁有這樣得天獨厚的優勢師資，我的英文能力應該被訓練得很讚！但是恰恰相反，我被這位全校最「威權嚴厲」的英文導師，「九十分以下；每少一分就得挨一鞭」的暴政下，對英文我是又恐懼又怨恨，所以一直就沒把英文學好。

直到考上東吳大學法律系，「英美法」原文書；得從大一念到大六（那個年代東吳法律系夜間部要讀六年），「英文」注定就是個英魂不散死死跟著的語文，想躲也躲不掉不選都不行，被迫就只能勇敢面對，拼了命也得克服對英文的恐懼。但終究欠缺口語練習，從大學畢業到現在，不論在工作或社交上，「英語口說」能力不足，對我而言始終存在揮之不去的陰影。

這幾年我逐漸減少工作量，騰出一些時間運用。首先，我選擇報名網路美語班，找外籍老師一對一教學。每天線上學習和不同國家外籍老師一對一對話，剛開始覺得很新鮮也很緊張（對我個人而言；華人講英文我大致上還能聽得懂一些，但遇到老外我就得很用力地聽，才能聽得懂一些），一段時間後，我漸漸習慣各種英語系國家老師不同腔調，上課起來也沒那麼緊張了。

只是，我這種老派學生學習英語還是用硬背的方式，外籍老師覺的奇怪華人學生好像都有同樣毛病。我每次課前準備一小時，上課五十分鐘，課後再複習半小時，日復一日英語聽力及口語表達能力，終於有了「咪咪」（mini）的進步。

學生時期，英文簡直就是恐怖又痛苦的回憶，但現在自己心甘情願學英語，內心感到即有趣又令人興奮，每天都期待能和外籍老師多聊一些。我這個年紀還硬著頭皮學英語，主要爲了日後出國旅遊，自己有能力和外國人交談，強化自己社交能力豐富人生。另外，人到中年最好學習一些醫學照護的基本知識。爲瞭解正確照顧失智母親的觀念，我參加健康管理師認證班（在這裡我認識一些相當具有使命感的專業醫師、營養師和護理師），在母親最後的這二年，每當母親身體有任何狀況，除了自己學習到的健康管理基本知識外，還多了專業人士提供意見並協助，避免家人因爲錯誤認知對病人照顧的觀念，導致不可挽回的遺憾。

多關注學習如何照顧老人知（常）識

照顧家中老人是一件即繁雜又專業的事，沒有經歷過家中老人後期失智、插入鼻胃管、插管治療和身體各種臟器機能日益衰敗時的狀況連連，或許以爲找個「瑪麗亞」（一般外傭的統稱）就可以解決一切，我眞的建議若有這種想法的讀者，可能要重新瞭解事實情況，好的外傭需要靠運氣和福氣，可不是想像的如此容易。

失智症的演進會有四個階段；從輕微症狀；逐漸進入中度、重度到末期症狀，病程症狀是逐步演進，一般非醫療專業人員，開始的時候不容易發現長輩罹患失智症，只會覺得個性變得很奇怪（如；多疑、健忘）2。另外，鼻胃管也是有許多要注意的細節（如；鼻胃管專用食物「鹽量控制」的問題，否則可能會造成「低血鈉症」，而導致嘔吐等症狀）。另外，面對長輩臥病在床遇有吸入性嗆傷或其他狀況時，家屬經常得面臨是否該同意長輩「插管」的抉擇（插管或不插管；需要考慮的因素相當複雜，醫界也分別有正反兩面不同見解）。當我們中年時，照顧家中年邁長輩已成為不可避免的事，所以有必要多瞭解照顧長輩可能遇到的狀況。一方面，可以加以應變與應用，家人不至於手足無措；另一方面，也可以理解長輩生病時的心理變化，減少照護者與臥病長輩間的矛盾與衝突，降低造成生活、心理與工作上的困擾。

善用智慧科技，融入現代生活

現在已是高速傳輸，無遠弗屆的資訊科技時代，貨幣使用也從現金交易轉爲塑膠貨幣及電子貨幣，這是現代人的日常。善用現代智能產品，可以爲生活增添不少樂趣與便捷，但對於許多中高年齡層長輩而言，並不事件容易的事。眞的要趁還在中年後段班的時候，趕緊多加學習現代科技產品，否則一旦年老記性差，就眞的跟不上時代，不僅會造成許多不便，也會減少許多生活上的樂趣。

這幾年，我的工作靠一台筆電（Laptop Computer）和一支智慧型手機，我就可以同時擔任六家中小企業顧問，不管是在家或在海邊餐廳或是山間小店，都能一邊看著海景、吃著美食、喝著香醇的咖啡和好茶，完成所有工作（有些店家會有網路；若沒有我還可以用手機熱點分享功能到筆電），透過mail或Line接收客戶資訊和詢問，我可以隨時請益『谷歌大神』（google）

和電腦裡的資料庫，搜尋到所有需要的資料，完成作業再用 mail 或 Line 回復交差。就算有些客戶要我立即把手上的紙本資料傳送給他，我也能用手機上的「掃描軟體」（App）達成使命。現在傳輸科技超乎想像的發達，工作地點不再拘泥於辦公室。事實上，這種工作型態的人越來越多。

最近透過朋友阿德介紹，認識一位住在嘉義的退休校長黃寶男，他把退休生活過得多采多姿，豐富而專業（能夠把退休生活，過得如此有聲有色，眞是不容易很值得即將退休的讀者參考）。

黃寶男校長熱愛攝影，手上一隻智慧型手機把玩得非常純熟，拍照技巧有相當高的水準。黃寶男校長退休後，他發起組織成立了一支「山岳健行隊」，宗旨就是「親近大自然、健康過生活、開心交朋友」。黃寶男校長每周安排兩天山岳健行，事先他會規畫好所有行程，包括：交通工具、路徑、用餐、觀景、拍照與休憩。根據黃寶男校長所說；雲嘉南中部幾處知名旅遊健行登山地點，和沿路的一花一草他均瞭若執掌非常嫻熟，由他規劃擔任導遊，隊友都相當放心。每周健行活動，黃寶男校長都會隨意用手機拍下沿路美景，我們都知道黃校長手機拍照功力了得，從鏡頭下留存的美景總能讓人為之神往。

黃校長每一次健行遊覽，拍下的美景他都樂於在臉書（FB）分享，讓我們這些朋友粉絲雖然無法同遊，但都能透過黃校長的鏡頭一覽台灣之美。黃校長還會在照片底下敘文當地人文風情，並描述鏡頭下大自然美景呈現的層次與渾然天成的完美構圖。

拜現代科技所賜，一支手機不僅能創造商機無限（自媒體），更讓生活增添不少樂趣。除了擅長拍攝美景的黃寶男校長外，我們家女主人也很會拍攝美食（僅限美食，閒人慎入，老婆大人說怕我影響畫面整體美觀），她能將美食和餐具拍攝的比實景還要秀色可餐，這已經不是一般食物端上餐桌時的「手機先食」程序，而是將我們家每次聚餐時的場景，另外來一場視覺的饗宴，把食物和情境深深烙印在我們的記憶中。

享受「獨處」，現代人的生活福利

網路上有一些以中年人爲主的交友社群，常常看到好多失婚的中年人，渴望找到人生的第二春，這乃是人之常情我們當然抱以祝福。但緣分這種事很難操之在己，有句話「命中有時終須有，命中無時莫強求」。美國知名影星安海瑟薇對於人生的態度，我覺她這段話也相當經典：「你不能爲了取悅別人而活，應該選擇做自己」（You cannot live your life to please others. The choice must be yours.）如果我們把時間、心思和精力都投入在未可知的事情上，倒不如多花點心思，放在當下我們可以掌握的人、事、物，會來的更加踏實（當然，我現在會有這樣的體認與覺悟，無非是因爲年輕時蹉跎歲月的自省，現在回首來時路，眞心覺得無須浪費心思與生命，在一些不切實際的人與事）。

所以，不管你是四十五歲、五十五歲還是六十五歲，都一定要培養出自己獨處的能力，並懂得享受獨處的樂趣與自在，其中很重要的工具就是「手機與腳架」，還有拍照的技術。還記得涂瑛眞「我與我的腳架男友」嗎？她就是一位相當懂得享受獨處樂趣的現代女性（現代女性眞的比男性懂得生活，而且這方面的能力普遍高於男性）。從現代人承受各種壓力的角度來說，「獨處」並不是單身者的專利，而是現代人的生活福利，有時候沒有家人的陪伴（或羈絆），一個人享受獨處時的寧靜，也是一種幸福。

對於單身者而言，「獨處」則是一種生活態樣，就更需要懂得把自己的單身生活過得豐富多采，至少要讓自己過得快樂吧。涂瑛眞「我與我的腳架男友」的獨處模式，我認爲是一種値得推廣的生活態度，尤其對單身者而言，可以減少那份孤寂的感覺。

放空佇足融入情境，享受「樂活」

不知道現代人是因爲忙碌慣了，還是不懂得片刻放空的靜謐？不論到哪裡都能喋喋不休。可以爲了接近大自然不遠長途跋涉，但是到了目的地手上卻依然離不開手機，談話內容總是圍繞在業務與錢，滿腦子想的都還是工作與職場上的是是非非，一趟親近大自然的放空之旅，吃飽喝足就草草結束，然後，賦歸！這一趟原本想要放鬆心情，疏解壓力的出遊，什麼目標也沒達成，換來的肯定是一身疲憊。

阿德，是我當憲兵時的同袍，退伍後自己當老闆做生意，近幾年有感於年齡漸大，呈現半退休狀態，偶爾到基隆送完貨後，回程會順道來找我，有時兩人興致一來，便會來一場說走就走的遊玩。

阿德去年暑假買了一部嶄新的休旅車，某日下午，特地開來我家展示他的新車，見我兒子也在家，便提議讓我兒子試駕，三人兜風前往陽明山擎天崗。我坐在後面聽著阿德與我兒子談論新車的性能與所有輔助系統，言談之中阿德甚是滿意這款新車。約莫經過三十幾分鐘，我們抵達陽明山擎天崗停車場，下車後一眼望去盡是一望無際的大草原，頓時讓人心曠神怡，迫不及待的想再前往高處，感受與雲層的距離，只見陽光穿透雲層，灑下數十道漸層的黃色光束直通山下。壯闊的牧場還能見到都市裏看不到的水牛群，或坐、或躺或低著頭用牠那張大嘴一開一合的嚼著牧草。一片祥和與世無爭的牧場風情映入眼底，我與兒子坐在石椅上，微風徐徐吹來，全身肌肉彷彿被這微風按摩著完全放鬆。此刻我們的腦中完全放空，佇立在這美景之中，好不愜意！

此時，從遠處傳來一陣通話聲音，打亂我們正在享受的寧靜氛圍。只見阿德還在後面朝著我們緩緩走過來，但仍不間斷的與電話另一端的人討價還價，我們在此佇立放空多久時間，阿德就用手機和廠商聊了多久！

阿德與廠商手機通話終於結束，他見天空此時已彩霞滿天，便問我們接著要去哪裡用餐？我的媽呀！我心想這小子到這裡都還沒休息片刻；佇足欣賞風景，便直接問他：「你不用休息一下看看風景，享受這裡的寬闊視野，放鬆心情抒解壓力喔」？這小子竟不解風情的說：「有什麼好看的？不就一群水牛和一堆牛大便」！（我與兒子兩人面面相覷，不知該說什麼是好）。語畢，阿德便催促我們趕快上車：「走，來去竹子湖吃山產」。而當我們一行人來到竹子湖的餐廳，大夥兒坐定位剛點好菜，阿德又閒不住的開始分派工作給我，他遞過手機要我幫他一位朋友解說法律問題，我有點不耐煩的回答他：「我們好好享受品嘗這些山產美食，等吃完再說吧，你朋友的法律問題很急迫嗎」？

其實，「休閒」是需要學習的。首先要有「閒」；才能有「休」，但現代人的休閒方式真的「休」到了嗎？

簡單、專心地完成當下那一件事

現代人平日忙於工作，只好利用假日規劃一大串行程。每每不遠千里、長途跋涉、舟車勞頓（途中就先養精蓄銳，上車睡覺；下車尿尿，窗外美景也不看了）、走馬看花，反正就打個卡到此一遊，滿足到過知名景點打卡的虛榮心。年輕人體力好這種行程無可厚非，但對中年人而言，對身心都是一種負擔，不是一種好的休閒方式。

中年人應該力行的，不僅是「慢活」；更是要「樂活」。

「樂活」緣自英文 Life styles of Health and Sustainability，縮寫爲 LOHAS，傳遞的宗旨是「追求健康快樂的永續生活型態」。「樂活人生」是一種簡約、健康的生活方式，追求身心靈與大自然的和諧共存，值得你我追求並充分享受。就拿這次和阿德的擎天崗遊覽爲例，我期待是一次完全的放鬆；沒有壓力的休閒遊覽。到了擎天崗我靜靜地佇立在頂峰，將心中所有一切壓力與負面情緒完全拋諸腦後，盡情大口的深呼吸，吸納最新鮮的空氣，嗅聞空氣中的牧草與混雜其中的牛糞味。將整個身心靈完全與寬闊的草皮、一望無際天與山的交疊、以及往山下望去整個大台北地區的景色融爲一體，這才眞實感受到什麼叫做「心曠神怡」！

只是我們這位阿德老兄，跟著上來擎天崗這一趟，除了講不完的手機外，他得到了什麼？後來到竹子湖用餐，本來也應該是爲了在餐廳半開放式的庭院裡，感受在大自然環境下，可以毫無拘束不受打擾的細細品嘗食物，輕鬆的閒話家常，卻被阿德指派的工作（解決他朋友的法律問題），打亂整個用餐節奏而掃盡興致。

人到中年眞的不要有太多心思算計，不要有太繁雜的生活步調，除了工作時間難免一心多用外，簡單、樸實、專心做好當下時刻該做的事就好，我認爲這就是「樂活」！

「儀式感」就是一種「生活藝術」

「儀式感」是年輕時原本具有的生活能力，但是到了中年，許多人已漸漸失去這份能力。或許是繁雜的工作、經濟壓力、生活瑣事等，早已被壓的喘不過氣來，所以根本無心管他什麼儀式不儀式！

近幾年，看著母親歷經老年失智到後期意識不清，這段期間所承受的病痛與折磨。因而領悟到「當我們在還有認知能力的時候，不管有多忙，壓力有多大，一定要懂得好好過『生活』。因爲，活著不只是爲了過日子，更是爲了過『生活』」。這讓我漸漸恢復追求生活「儀式感」的能力，也認知到創造「儀式感」是一種「生活藝術」。

在此之前，我和許多男士一樣，最討厭被商人炒作的節日，或是具有特別意義的日子，而我也會記得每一個應該慶祝的日子，但我就是一如平日，並不會想要安排特別的慶祝活動，更別說進行什麼儀式，我的慶祝模式最多的就是「吃大餐」。

我認為「儀式感」，並不須要耗費巨資舉辦一場眾人注目的盛大晚宴或慶生會，也不是進行一場慶祝活動就是所謂的儀式感。而是，從生活細節中創造一些「小巧思」，就能增添「小確幸」的感動！我舉幾個例子，大家就能明白了。

平常上班我會在公司樓下的小賣店，隨便點一個蛋餅和無糖豆漿外帶，然後就放在桌上，有空的時候就把它當早餐（忙得時候就自然改當午餐），一邊工作一邊囫圇吞的進入我的肚子裡（達到填飽肚子目的，但吞食過程不詳）。

對生活認眞、尊重、敬畏且熱愛的態度

記得在二〇一七年夏季的某一天，爲了仲裁協會一早開庭，我特別起了個大早，由於出門時間很早慶幸沒有遇到日常的塞車情形，到達仁愛路仲裁協會時距離開庭還有一個半小時。我便先走到對面的連鎖咖啡店，慣性點了一杯熱美式和一份牛肉可頌，找了一個窗邊位置，眼看距離開庭時間還早，電腦卷宗大背包往旁邊座椅一放。當下，我啥事也沒做，就是心情愉悅的品味這份豐盛的早餐！

專心品嘗這家店的黑咖啡和牛肉可頌，我端起馬克杯閉上眼睛聞著香醇的咖啡；再小口品嘗牛肉可頌濃郁的牛肉味，恭敬的對這份早餐進行一場「享用儀式」！經過這次的早餐儀式；我才驚覺以前吃過多次，竟然從未想到細細品嘗牛肉可頌的美味。此時，我看著窗外行人匆匆，人來人往趕著上班的人潮越來越多，而我卻依然可以好整以暇的吃著早餐，聽著藍芽傳來的悠揚音樂，短暫放空一切思緒。在緊湊忙碌的都會清晨，我能如此悠閒眞要

感謝努力的自己。

什麼是「儀式感」？爲什麼生活要有「儀式感」？作家李思圓認爲：「儀式感是對人生的加冕，讓你的生活成爲眞正的生活，而不僅是生存。儀式感，是一種對生活認眞、尊重、敬畏且熱愛的態度」[3]。

對於我這種中年男人而言，從年輕出社會就只有生存的壓力，從來就不在意什麼儀式，更不懂儀式感有什麼重要？近幾年我的生活步調漸漸放慢，並不是經濟上有多大長進，而是感嘆人生變化無常，對於生命有了不同體認。

有一天，我發現嗅覺突然發生異常，我聞不到洗髮精、沐浴乳的香味，聞不到濃郁的咖啡香。我擔心再也聞不到味道，趕忙去耳鼻喉科診所，尋求專業醫生診治。蕭醫師拿了四小瓶測試嗅覺得瓶子，讓我逐一聞聞看是什麼味道，第一瓶我聞出是有點清涼香氣的薄荷味，第二到第四瓶我就無法聞出是什麼味道，蕭醫師進一步檢查我的鼻腔與喉嚨後，告知是因爲鼻涕與膿痰造成，並不是我所擔心的嗅覺喪失，這才鬆了一口氣！

經歷過這次暫時失去嗅覺，讓我完全改變對生活的態度，開始認眞學習有「品味」的生活。常有人說：那些上流社會的人穿著光鮮亮麗，懂得品酒、茗茶和品嘗美食，生活很有「品味」。事實上，生活有「品味」絕對不是上流社會的專利。而是，我們懂不懂得對待生活上的細節，創造並享受那份認眞生活的儀式感。換句話說，「品味」並不需要「豪奢」，只要在生活上懂得珍惜我們具有的五官感知能力，在生活中變化細節創造儀式感，人人都能有「品味」。

爲自己紀錄有層次和品味的樂活人生

我家女王「華姐」（典型獅子座老婆）；江湖人稱「張仙姑」（在她服務的單位除了是當家活動主持人外，並負責與廠商聯繫的第一線人員，廠商都如此稱呼她），談到「儀式感」，在我們家族可是第一把手。

華姐從十幾年前開始，和專科死黨淑慧就有共同默契，她們每年聖誕節前後都會相約到信義計畫區「貴婦商場」，來一場「向歲月致敬」的年度盛典：「瘋狂拍照」。淑慧喜歡攝影（有近乎專業的攝影功力），華姐上相又喜歡「擺拍」，每年都會留下兩人共同合作的數百張美好回憶。華姐說：「每年拍攝的場地雖然相同，但場景不同，貴婦商場每年聖誕節，都會有不同的裝置，一年比一年豪華貴氣，我的服裝、髮型也會有不同變換，一年比一年更時髦，這些都能隨著時代的變化更加璀璨亮眼，但催化我感到一定要好好把握珍惜的，就是隨時間逝去的『青春』和『膠原蛋白』」。

誠如作家李思圓所說：「儀式感是對人生的加冕，讓你的生活成爲眞正的生活，而不僅是生存」。一輩子不長，扣掉我們求學、工作、睡覺和學齡前兒童期（還不懂事）以及年老失智（生活無法自理；喪失認知能力），其餘能夠細細「品味生活」的日子，著實不多。

如果你和我一樣，原本是個不懂生活儀式感的人，可以從現在開始，在生活中巧妙加入一些儀式感，創造不同的生活品味。如果，你原本就懂得生活儀式感，那麼請多拍攝珍藏每一場生活儀式，紀錄有層次和品味的樂活人生。因爲，當我們年老體衰哪裡也去不了，人生只剩倒帶可供追憶時，這些珍藏的紀錄將會是我們唯一唾手可得的幸福。

1 作者當時在公司位高權重，同事部屬都很怕我，但在學校常被這些小十幾歲同學（善意）嫌棄」；嫌棄我年紀大、嫌棄我對先進媒體工具使用上的遲鈍（當時智能手機開始流行，我還在使用傳統手機），但心底會有一股莫名的「爽」，應該是感受到同學們「互相漏氣求進步」，那種真實毫無掩飾的情感。事實上，同學彼此都相當團結而且互相照顧，不論是課業上的困難；還是工作上需要支援，同學都會不吝提供各種資源協助。畢業十幾年後，同學感情依然濃厚，這是人生很難得的情誼。

2 根據民國一一Ｏ年內政部調查台灣失智人口報告：六十五歲以上老人，約每十三人就有一人罹患失智症，而八十歲以上老人，每五人即有一名失智症患者。（資料來源：台灣失智症協會）。http://www.tada2002.org.tw/About/IsntDementia

3 資料來源：李思圓著，《生活需要儀式感》。圓神出版社。

七、一百分的中年人生

維持良好的健康狀況，一日三餐吃喝不愁、平時還能跑跑跳跳、出國旅遊、登山踏青……甚麼活動都不是問題……，這其實就是一百分的中年人生！此外若還能保持一顆開朗、充滿正能量和熱情的心，相信你我未來的退休生活，肯定多采多姿。

心態保持年輕，外表凍齡更是必須

「某日，路人甲與一位美女乙擦身而過，路人甲驚艷美女風采與美貌，並覺得美女頗爲眼熟，不由自主大呼：『ㄟ！妳是我高中同學』！美女乙回答：『我是你高中老師……』」。相信四、五、六年級生，對於這場景記憶深刻。這是發表於一九八八年一支美容保養品的廣告情節與對白，這支廣告傳達的訊息是，用對保養品外表可以保持年輕，用現在的術語叫做「凍齡」。

談到「凍齡」，幾年前媒體曾經刊登一張港星趙雅芝，牽扶一位身材佝僂行動不便大媽的照片，這看似一幅敬老尊老的畫面。事實上，當時趙雅芝也已有六十二歲，比那位大媽年齡還要大一些，但兩人身形體態卻有天壤之別。

有人會說：趙雅芝是大明星天生麗質嘛！也或許會猜測認爲；大媽可能家境清苦年輕時勞動過度，所以相形之下大媽就顯得老態。從基因學的層面來看，有些人先天上的基因抗氧化功能比較好，再加上平日懂得做好抗氧化和抗自由基的保養工作，自然就能「凍齡」。有些人基因抗氧化能力先天就比較弱，如果後天又缺乏適量補充抗氧化和抗自由基食品保養，當然老化速度就會比較快。

除了先天基因抗氧化功能較弱、後天辛勞過度（包括：勞心和勞力）、缺乏適度保養等原因造成體態容易老化外。我認爲還有一個重要因素，就是對待「生活」的心態。許多人都會說年紀大了，要保持年輕的心態，但從來沒有人具體告訴我們要如何保持？

走到中年，工作不該是生活的全部

我曾經在一家位於敦化南路上的公司任職，前年疫情稍微緩解，大家報復性聚會，那段期間常有朋友下班後找我餐敘，公司後面我常光顧的火鍋餐廳，便是我和朋友餐敘的基本地點。

二〇二二年3月某日，高中同學「老辛」收工後來找我，我向老闆介紹他是有四十一年情誼的同學。老闆誇我好人緣，能和同學維持那麼久的交情。

幾個星期後的中午，我和公司同事又來到這家餐廳用餐，結帳時候老闆私下跟我說：「周顧問，你上次帶的那位朋友，如果不說他是你同學，我還以爲他是你高中老師勒！眞的啦，（偶）不是說場面話啦！你看起來眞的比他年輕多了」！

老辛，他曾罹患白內障動過手術，這幾年體重直飆到三位數，活動力已不再輕巧靈活（走路沒問題；但跑起步來已顯龍鍾）。事實上，我們最大的差別，在於對待「生活」的「心態」上。

老辛，是我最要好的朋友之一，卻不知該如何描述這個人的生活？大學會計系畢業後，他承襲父親防水工程事業直到現在。他其實是一位國文造詣頗豐，歷史、地理、數學皆有一定水平的人，在生活上理應能夠激盪出不少樂趣。但是，老辛的心中只有防水工程和不著邊際的話題，每天接觸的大多是工程人員和業主，談的不是防水就是「練肖話」，聊天內容千篇一律，對其他生活模式毫不關心。由於經年累月輕忽飲食控制和體態，打造出「大腹便便」的身形，他最喜歡自嘲身材「甘迺迪」（台語發音）。而且，從來就不重視服裝儀容，看起來有點不修邊幅，所以更顯老態。

創造樂趣享受生活、郊遊旅行、運動休憩、品嘗美食、造型儀容、學習深造，從來不會出現在老辛的話題裡。他沒有宣洩情緒的出口，沒有調劑身心的旅遊和運動，又不懂感受生活的靜謐品味和生活的多元與層次，他的生活模式實在乏善可陳（或許是他內心深處有太多不可承受之重吧）。

人生走到中年，工作不該是生活的全部，不管當下事業是否成功，工作是否順利，都不應該只管工作不顧生活（很多人喜歡把『爲了生活，不得不拼命工作』當作藉口）。我的論點很簡單：如果事業已經有成，就好好享受生活吧！別把自己搞得疲憊不堪老態龍鍾，有命賺錢沒命花。如果工作不如意；就請別讓生活也不如意，更要把生活過好把體態維持好，人到中年就算不能挺拔有朝氣，但也不要顯露垂垂老矣的窘模樣。

人生正式進入「減法」模式

我們都曾走過衝刺事業和職涯發展，積極大量結交朋友、同事，累積人脈的階段。這段期間我們可能會遇到志同道合的事業夥伴、吃喝玩樂的豬朋狗友、很會功利算計的自私鬼、願意分享提拔的貴人、只想從你身上獲得利益；卻不願相對付出的「現實鬼」、只想利用你；沒事連個影子都見不到的「阿飄」、總是抱著負面情緒影響我們的人、時不時就跑來借錢；當我們要求還錢卻像是對不起他的人、輕諾寡信說話不算話的人、虛偽不真誠的人、不懂感恩的人、對他再好也不會滿足的人，願意適時伸出援手幫助我們的人……

但是，當我們邁入中年，漸漸脫離職場核心的時候，應該考慮將生活配置的重心，從工作職場轉移到「生活工坊」（我將細細品味生活這檔事，視爲是一種生活創作，所以稱之爲『生活工坊』）。此時，我們可以勵行「減法人生」，把生活中不重要，甚至不必要的人與事「剔除」掉。

我朋友中厲行「減法人生」最徹底且成功的例子，就屬重生了。他從小爲人大方好交朋友，又特別富有同情心和正義感，只要朋友有難他都會義不容辭，盡自己最大能力幫助朋友。正因爲這樣的個性，讓他吃了不少苦頭（包括金錢、時間和心理都遭受不少損失）。

「情緒勒索」，是讓人背負沉重包袱的枷鎖，這種「情緒勒索」產生的心理包袱，大多來自周遭親朋好友、長官與同事。重生自從離開NG公司之後，他決定「依照自己的生活步調」，不受任何人干擾，並婉拒毫無意義的社交應酬。

爲了依照自己的生活步調，重生樹立一項獨特的風格：除了至親家人之外，不接聽任何直接打過來的電話，他讓老闆、同事、朋友知道；因爲工作特性和生活作息有別於一般上班族，他可能隨時都在思考或休息中，所以不希望被突如其來的電話鈴聲干擾思緒及影響作息，他請求老闆、同事和朋友們，先發訊息簡單說明聯絡目的與需求，再依照事情輕重緩急，配合自己生活步調決定是否回覆及回覆時間，這種做法讓他減少許多不必要的干擾。

另外，重生還決定減少人情包袱和情緒勒索的來源，對於只想利用他，卻從來不願相互扶持、言而無信及自私自利的「僞朋友」，一概斷絕往來，從所有社群軟體名單中剔除。

三種不同的減法模式，中年人生同樣精彩

自從刪除那些「僞朋友」的聯繫管道後，重生的生活簡單許多。他減少做一些事不關己又毫無意義的鳥事、減少借錢給朋友，避免承受朋友不還錢的恐懼、減少浪費時間在和「僞朋友」毫無眞誠的往來與應酬。

重生的「減法人生」，除了減少「僞朋友」所衍生的時間浪費、金錢損

失與心靈受傷之外，他還減少對人的「期待」；對事的「期望」與對物的「慾望」，重生一一解說他的論點：

前幾年重生曾經幫助提拔過的人，有些人不僅不懂得回報；甚至落井下石，爲了上位在他背後捅上一刀。從此，重生領悟到「人心不可測；人性不可知；人言不可信」的道理。所以，這幾年他對「任何人」不再有任何期待（不期待別人一定懂得回報），「沒有期待；就沒有傷害」（願意幫忙就不要期待別人回報，否則就寧願不要幫）。

重生領悟到的另一個生活哲理；就是不要對自己無法掌握或未知的「事」，有所期望或期望太高。世事無常，許多事不是我們能夠掌握的，「沒有期望；就沒有失望」。他現在對於許多事都看得很開，對於事情會產生什麼樣的結果，因爲沒有預設，所以就不會失望和沮喪。不管發生的結果如何，他都能很坦然的面對結果，處之泰然坦然面對。

重生第三個減法人生：就是減少對物質的慾望。這點和前面我所倡議的「樂活」和「儀式感」不謀而合。「樂活」與「儀式感」並不需要豪奢，基本精神就是在提倡降低物慾，提升精神層面的生活方式。我自己就感覺到，隨著年齡日漸邁入中年，身體機能的確有老化現象，對於美食的追求在精不在多，在品嚐美食而不在享受奢華。一趟輕車簡從的旅行，也能滿足我們的需求，舒緩情緒和洗滌我們的心靈。

到了中年是不是就不能購買名車、名錶、名牌包包、名牌大衣……？每個人的消費能力不同，當然各憑本事。重生倡議減少物慾，主要是建議本身經濟能力並不富裕的中年人，減少因爲對特定物質的慾望而拼命賺錢，或因而降低生活品質和犧牲健康的情形而言。

另外，我認爲人到中年應該撥出一些預算，多關注在重大疾病預防保健上。寧願平時花些小錢保養身體，也不要爲了物質慾望，大魚大肉夜夜笙歌，拼命糟蹋身體，等到生了重病才被迫花費大筆金錢治療，有句話說：現在不養身，以後養醫生1。所以，重生才會提出要減少對物質的慾望，不要因爲追求物慾，而糟蹋身體犧牲健康。老年身體健康的基石在中年的保養，所以，人到中年一定要多花心思在自己身體健康上，不要等到年老體衰，讓一身病痛跟著自己十幾二十年，中年就要爲老年有尊嚴的生活打好基礎。

退休金在手，先別心急想出手

大部分的上班族，很難有能力一下就取得上百萬現金，大多要等到退休，才有機會拿到幾百萬退休金。只是，幾百萬退休金該如何運用呢？成為退休者的重要課題，稍有不慎可能就血本無歸，絕對不可以輕忽喔。

高中導師（陳老師）拿到退休金後，就遇到他人生最大的災難！

事情發生在陳老師退休後，一位朋友知道他領有一筆退休金，便找他投資瓦斯行，宣稱：「瓦斯是民生必需品一定會賺錢，到時候每月都可以分紅」。陳老師家人都在國外；一人隻身在台灣，聽完朋友邀約投資的說法，心想孤家寡人在台灣，雖然不懂瓦斯行如何經營，但朋友說以後他可以靠每月分紅，作為他後半輩子的養老金來源，便同意將全數退休金投資瓦斯行。

幾個月後，陳老師聯絡我高中同學老辛，請其通知我和幾位同學到老師家一聚。幾位同學依約定時間到達，陳老師問我們大家目前狀況後，面有難色並且欲言又止的說：「……嗯……，邀我投資瓦斯行的朋友跑了，我的退休金血本無歸；全部打水飄了」（此時，陳老師已老淚縱橫；淚流不止）。

另一位朋友退休金的投資經驗，也是值得借鏡的故事……

年齡比我大一些的富哥，六十幾歲時就從私人企業退休，領到退休金後存款馬上暴增好幾百萬。此時，一群親友向禿鷹般，聞訊後紛紛找他借錢或投資。富哥沾沾自喜的說：「我沒那麼好騙，也不會輕易借錢給別人，要投資我會投資別人已有的經驗、交易公開，而且可以快速獲利出場的項目」。

我記得大約在二〇一三年時，富哥投資一種叫做 **API** 的美元外匯交易，就是以美金與各種外幣匯率比價，賺取其中的匯差（可以買空也可以買多）。投入資金都是以美金萬元計，全權交由一家登記註冊於瑞士的智能投資公司，這間公司號稱可以透過電腦運算，判斷下注金額進行交易，每一筆交易都可以透過手機下載 Meta 的軟體（APP），進行對每筆交易的監控。除此之外，介紹他人投資這種交易的介紹人，還可以獲取被介紹者每筆交易四塊錢美金的佣金。

短短幾天，富哥投資獲利從「Meta Trader4」的 APP 顯示，已經達到七百多元美金（當時富哥的投資金額爲二萬五仟美元），富哥當然非常開心。豈料，幾天後手機上「Meta Trader4」上竟顯示富哥所有交易均呈現負值！後來才知道這是一個打著經瑞士政府合法登記的國際詐騙集團。中國大陸就有近二萬多人受騙，台灣也有一百多人受害。

富哥不甘心平白損失二萬五仟美元，又四處打聽穩當安全的投資項目，希望能夠翻回本來。富哥透過「微信」（WeChat）交友軟體，認識一些宣稱是香港貴金屬（黃金）公司的高級經紀人，可以協助進行黃金期貨交易，短短幾周就可以幫客戶賺進大把鈔票，富哥竟又相信投資了一些美金，結果……這又是另一種詐騙集團的手法。

這種「假交友；伴隨假投資」的國際詐騙手法，相當猖獗並已行之有年，沒想到富哥一時鬼迷心竅，也上了詐騙集團的賊船遭受損失。

朋友不可信，國際詐騙集團又無孔不入，透過國內銀行投資總該安全了吧！咳……這又有另一篇投資人的辛酸血淚……

大多數人認爲，銀行是最講誠信、最值得信賴的特許行業，透過銀行投資總該是最安全的。若不是曾經協助中小企業老闆處理與銀行的投資爭議，我眞的無法想像，原來銀行理專也有不能說的秘密[2]。

不懂的投資商品，千萬不能貿然投資

二〇〇八年，發生全球性的金融風暴，美國雷曼兄弟因次級房貸引發「連動債」的金融危機，台灣透過銀行購買連動債的金融消費者，也無法倖免。在數萬筆交易的金融消費者中，有不乏已屆退休年齡或已退休人員，因爲聽信銀行理專當時天花亂墜「保本、高收益」等話術，而將退休金老本投入這項商品，最後血本無歸的斑斑血淚史，比比皆是。

另一個金融爭議案件，我協助的中小企業主們，年齡大多介於六十至七十歲，她（他）們有些人原本已準備退休，把事業交接給第二代。二〇一三年，銀行理專打著理財投資的旗號，強力向中小企業老闆推銷一種衍生性金融商品，名為「人民幣目標可贖回遠期契約；（人民幣 TRF）」，宣稱在短期內就可以獲利出場，沒有風險。許多企業主竟然聽信銀行理專的銷售話術，心裡盤算著再幫第二代接班人賺一筆投資財就可以退休了。

這些在商場上打滾征戰多年的老手，絕對無法想到因為自己一時不察，「輕信」銀行理專的銷售話術，貿然投資這種金融商品。不僅沒有辦法幫到第二代接班人賺上一筆投資財，她（他）們的後半生反而無法安享晚年，更無法好好退休。有些人更是慘賠好幾億，從此背負巨額債務，不得不賤賣家產甚至宣布破產。

上面所舉的例子，都是活生生血淋淋的眞實故事，故事中的每一位主角辛苦一輩子，好不容易可以獲得幾百萬退休金，作爲晚年安生立命的生活費。卻因爲缺乏持續收入的安全感，想透過投資換取持續收益，或是遭到熟識朋友的矇騙，或是被國際詐騙集團欺騙，就連在國內銀行投資理財也可能會血本無歸。那麼，我們到底該如何運用退休金，才是妥當的方式呢？

談到投資理財，肯定會有不少宣稱自己是「投資專家」、「理財老師」和「股市達人」的專家，可以開班授徒教你如何投資理財，但請切記一件事：「投資難免有風險」，這是亙古不變的定律。也千萬不能完全只聽信專家、達人、老師和理專的說詞，自己一定要做功課，不懂的投資商品千萬不能貿然投資。

由於退休人士再創高收入的能力較爲有限，因此，我除了重申理財投資首重「謹愼、保守」的重要原則之外，還有就是千萬「不能將所有雞蛋放在同一籃子」。也就是說；不能將所有金錢集中投入在同一個投資標的，一定要有分散風險的觀念與做法。所以不管你的退休金是要用來定存、投資理財（包括：基金、股票、不動產）甚至保險，千萬別把所有退休金都放在同一種項目內。在此，要特別提醒已經退休但仍想要進行投資的讀者，最好別投資含有「賣出選擇權」的衍生性金融商品，因為，這種商品風險實在太高了（眞的風險無限大喔）！

全方位財富管理，打造老後財富自主

我認爲退休金運用，應該從全方位的財富管理著手。什麼叫做「全方位財富管理」？「財富」的定義，精準地說應該不僅限於「金錢」上的投資，也應該要兼顧投資自己的「身體健康」與「精神上」的財富。都說：「有健康的身體；才有眞正的財富」，沒有健康金錢只是一堆數字、醫療費和遺產而已。

因此，全方位的財富管理，除了退休金的理財規劃之外，前面提到基因檢測及預防醫學的「減緩身體老化」、「重症預防」及「健康保養」等方面的落實，也應該是屬於廣義財富管理項目之一。

另外，在壽險公司擔任專業壽險規劃師的李文煥和黃育錡夫妻，他們曾爲許多即將退休和已退休的客戶，量身打造不少專屬於退休人員適合的保險。

黃育錡分享她對退休人員規劃保單的理念：「銀髮族退休後，除了要有維持晚年基本生活開銷的退休金外，生活上更應該兼顧健康的身、心、靈和自尊。退休後的『時間』可以自由支配，無論是遊山玩水、吃喝玩樂、含飴弄孫，環遊世界，最基本的條件就是需要『健康』的身體，和『足夠的退休金』，一切花費自己都有能力支付。就算年老體弱多病時，自己也有足夠的錢和『保險』來支應，不需要手心向上依靠子孫負擔，這絕對是大多數人嚮往的生活方程式」。

黃育錡表示，由於今年新冠疫情逐漸趨緩，日本政府對外進行開放解封後，有一位六十五歲剛從公務機關退休的客戶蔡媽媽，和她家人進行了一趟五天四夜的日本遊。原以爲這位客戶的旅遊費用，是由子女出錢支付孝敬她的，但沒想到客戶說：全家旅費都是她一人埋單支付的！

蔡媽媽很自豪驕傲的這麼說：因爲我有很完善的財富管理和保險規劃，我享有全方位的財富自由，所以和家人一同旅遊，是我財富管理的重要項目之一，錢我付得起。我不僅重視保養身體，雖然已有六十五歲，但我的身型儀態看起來至少年輕十歲。而且我的健康狀況相當良好，能吃、能喝、能跑、能跳、出國旅遊、遠足郊遊、登山運動都不會是問題，最主要的是我還有一顆開朗、充滿正能量和熱情的心靈，來面對我未來的退休生活。

透過育錡我們得知：蔡媽媽退休時領到約四百多萬退休金，當時就和育錡討論因應退休生活的保單。蔡媽媽將她四百萬的退休金，挪出一定比例的退休金購買配息保單3、補強醫療險、重症保險、失能保險與長照保險，一方面增加蔡媽媽退休以後的收入，另一方面補強醫療與長照等各方面的保障。

如此，蔡媽媽不僅能持續增加一些穩定的收入，就算老年生活也不用手心向下，倚靠子孫供給生活費用，至少維護最低限度的老年尊嚴。另一方面，就算日後不可避免的，罹患老年可能發生的各種疾病重症，也都有足夠的保險理賠金可以支應相關醫療費用，不會造成子女額外的生活負擔。同時，還可以避免產生「久病床前無孝子」的天倫悲劇。

不是旁人的負擔，老後人生自己負責

前面提到「久病床前無孝子」這句話，傳統上的認知與理解認爲：父母病重臥床時間太久，就算子女再好、再孝順，遲早都會厭煩，而無法持續盡心照料臥病在床的父母。這種現象對於現代家庭結構的子女而言，實在太沉重了！

出生在台灣，號稱「三明治世代」的四、五、六年級生，對於「久病床前無孝子」這句話，一定感觸特別多吧！

所謂「三明治世代」是指：上有老；下有小，自己則被夾在其中，承擔照顧上一代父母的責任，同時，兼負撫養下一代義務的中年人。比起我們下一代需要面對「少子化」的問題（許多家庭只有一個小孩，沒有兄弟姊妹），我們算是幸運的。正常情形下，至少我們有兄弟姊妹可以分工合作，承擔照顧父母的責任（有錢出錢、有力出力、有時間出時間、有資源出資源，兄弟姊妹彼此體諒，也彼此支援，這是最理想的狀態）。

那麼，我們的下一代該怎麼辦呢？如果是沒有兄弟姐妹的獨生子，未來恐怕需要獨自挑起照顧父母的重擔。可想而知，這對她（他）們將會是沉重的負擔。所以，在我們自己還有能力的時候，應該預先做好財富管理和自我保健，不要成為孩子的負擔。

所謂「不要成爲孩子負擔」，並不是說父母有義務要爲子女打天下；或爲子女累積財富或留下足夠的資產（遺產）。相反的，我認爲當子女成年之後，父母不僅有權以自己爲本，更應該過好自己的人生。既然前半輩子曾經努力付出，後半生就該盡情享受自己努力的成果，不需要把所有財富都奉獻留給子女。子女人生的幸福與財富，應該透過他們自己努力拚搏爭取，父母該做的就是「把自己照顧好」。

有些長輩極度重男輕女，總認爲「盡孝道是女兒的義務；分財產則是兒子的權利」，這個世代正逐漸顚覆並對這種傳統思維進行反動。近日，有些朋友在臉書（Face Book）大肆嘲諷批判。這些強烈的批判觀點，雖然與我這種年近花甲中年人的家庭人倫觀念有點扞格，但恰恰和我在本書提倡「中年人照顧好自己」的論點，最終的精神卻是殊途同歸。

體恤晚輩孝心與壓力，我不是固執的老人

「照顧好自己」是以自己爲本，從自己角度出發，心思放在自己中老年後的生活，把自己身體健康照顧好，千萬不要捨不得把錢花在自己身上，也不需要一味省吃儉用把錢留給小孩。事實上，我就有一位老友阿茂，他唯一的獨生子小強，自幼就和家人非常疏遠，對家人毫無親情可言。不知道成長過程中，是什麼原因造成小強自私自利對家人冷漠，打心底就沒有付出與貢獻的觀念。阿茂爲他所做的一切，在小強的心中都是理所應當，沒有什麼好感激的。

「養兒防老」真的已經過時了，我們不要期待子女未來有餘力照顧我們（他們有自己的生活壓力和生存壓力），另一方面；更不要對子女存有這種期待的道德與情緒勒索。所以，最好的中老年生活規劃，就是要捨得花錢在能讓自己開心的事物上，把自己的身體健康照顧好，日常保健食品和運動不可少。

再回過頭來談談「不要成爲子女負擔」這件事，除了前面提到；中年時要規劃好自己退休生活所需的財力和健康的身體外，還有另一個重點；就是兒女在照顧我們的時候，不要固執於自己食古不化的「己見」，否則對於那些有孝心的兒女們，是一件很困擾和不公平的事。

我有一位遠房親戚小芸，她父親中風後行動不便須要靠人攙扶。所幸，家中四個子女都非常孝順，未婚的大姐和小弟將父親接到台北一起住以便就近照護。父親原本個性就相當固執，中風後更是難以溝通（中風對於原先身體一向硬朗，活動裕如的父親，心理上是一項重大打擊）。

今年農曆過年大年初三，氣象局發布低溫特報（大陸極地氣旋南下，是今年入冬以來最冷的一天）。果眞，當天宜蘭大約只有攝氏八度，一早小芸的父親就吵著到野溪溫泉泡湯，這根本是拿自己的身體甚至是生命開玩笑（一個曾經腦部梗塞中風的老人，大冷天去泡野溪溫泉，誰敢承擔可能的風險與後果呀）！家中四個子女當然極力勸阻，老父無法理解子女的擔憂，竟以拒絕第二天和大兒子的岳父餐敘作爲要脅……

衆子女拗不過老父固執的堅持，最後，只好一行六人（加上女婿和外傭），帶著老父到山上的野溪溫泉泡湯。大家心中壓力極大，出門前先讓老父全副武裝包得密不透風，到了溫泉區深怕老父受寒，兩兄弟攙扶著老父，大姐和外傭幫著老父撐傘，入池前還得試好水溫，隨時保持老父上半身溫暖。這一趟泡湯行程，可把一群人累壞了，泡完湯回到家，老父不再罵人並嶄露滿足和疲憊的表情後，大家才稍稍鬆了一口氣。

這位「老先生」實在太折騰人了！記得小芸的姑姑，就曾講過相當有哲理的一段話：「咱甲老Y，孩子願意陪咱，帶我們四處走走，吃好喝好，已經非常幸福了。我們就配合小孩規劃不要有意見，不要造成小孩心理和生活上的負擔」。大姑姑的這段話，深切體恤晚輩孝心與壓力，點出許多長輩固執背後，欠缺「不要成爲孩子負擔」的智慧。

1 據悉，醫療界已經有人注意到，台灣因為健保制度，造成醫療資源浪費情形嚴重，有過度使用醫療資源的狀況。

2 請參作者周冠中所著，民國一一一年10月21日《銀行理專不能說的秘密》。時報文化出版。

3 購買保險公司或銀行所謂的「配息保單」，要特別注意是否「保本」？若無法保本時的風險有多大？以及配息方式和年化報酬率是多少？都應該要綜合判斷。雖然有配息但風險不成比例的時候，則建議需要多加考慮。

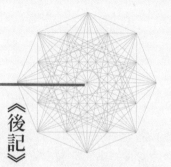

《後記》

若無法卓越，至少要豐富

這本書是爲九成以上的平凡中年人而寫的，如果您已年屆中年，但不是知名政客、不是富可敵國的大企業家、不是知名藝人網紅、也不是達官顯貴、富豪，亦不是各行各業最頂尖的菁英分子或專業人士。那麼，您和我一樣可以算是衆多平凡中年人裡的一員。

都說一個人的成功，七分靠努力，三分靠運氣。而我人生體認的成功方程式則是：七分靠努力；三分靠運氣，若想攀上顛峰維持成功，則需要靠智慧。

年輕時充滿自信，我曾夢想成爲菁英份子享受榮耀，也曾努力追求卓越。職場上，有幾個階段我都曾經攀上高位，現在回想起來，當時只要個性溫和些，多點妥協的智慧，我相信職業生涯登上巔峰，月領十幾二十萬穩穩當當到退休，絕對不會是問題。但我從不後悔，當初因爲對傳統企業文化的異見與叛逆，而放棄原本的職務與工作。

我很幸運也很感激，妻子與兒子理解我離開企業的原因與抉擇，鼓勵且支持我從事自己嚮往和喜歡的工作。中年之後我開始從事寫作，是我前半生未曾接觸和預想到的。但是，隨著年齡增長和對人生的領悟，我相信這件工作對人群是有幫助和貢獻的，這也是現階段自我肯定與快樂的泉源。

理性與感性的交疊

不知道從什麼時候，我開始對周遭人、事、物背後的故事產生興趣，也開始容易感動。尤其是每次路過成長中熟悉的街景或餐廳，就會不自覺回憶起當年經歷過的情境（當時播放的歌曲、在一起的朋友和當時發生的事），就像似電影倒帶般的重返現場。每次兒子看到我這麼若有所思地神遊過往，就會笑我說：「老爸，你真的老了」！

我很感謝自己年齡漸長，讓我領悟感性對待周遭的人、事、物，也學習觀察、思考中年人的生活模式與情愫。在寫這本書的時候，我透過訪談黃寶男校長、涂瑛貞女士及 Melody 分享他們的人生經驗，讓我看到不同生活層次的視野和不同的生命故事與生活內涵，我真心覺得有品味的「過日子」很重要！

撰寫本書之前，我寫了近三十年極富理性與邏輯的法律文稿，前一本書《銀行理專不能說的秘密》，屬於兼具法律和金融理財專業類書籍，而本書則全然從感性出發。這種忽而理性；忽而感性的創作之路，對我而言，不僅是一種自我磨練，更是一種挑戰。我好愛這樣的創作人生，可以將自己的人生經歷，透過文字組合，淋漓盡致的發揮與展現。

生活中，我們隨時存在理性與感性相互交疊。然而，什麼是理性；什麼是感性？什麼場合；什麼狀態，應該理性或應該感性？簡單的說：對於生活中的酸甜苦辣、是非黑白，應該要有智慧思辨，讓自己不受外界環境因素（人、事、物）影響而困惑，這些說來容易，但做起來可不簡單。

「生存的事要理性，生活的事要感性；做事要理性，做人可以感性；有利害關係的事要理性，增添生活樂趣的事不妨感性」。這是我近十年經歷職場生涯巨大起伏後，累積和歸納出來的經驗總結。

依然可以勇敢築夢

都說「中年，是人生第二次的青春期」，縱使在職場失去嶄露頭角的舞台，依然可以勇敢築夢，嘗試不同的人生。

涂瑛眞和 Melody 兩位現代女性，都是在邁入中年後，大膽離開原本工作二十幾年的職業（場），轉職到截然不同的行業跑道，並且都做出亮麗的成績。旅居新加坡的歪機長，三年疫情迫使他提早進入半退休狀態，今年五十七歲的他毅然決定離開新加坡投身卡達航空，再做人生最後一輪的拚搏。就連我最要好的朋友老辛，雖然生活模式乏善可陳，但仍不斷努力創新防水工程技術並申請專利，總希望有朝一日，能夠揚名立萬事業有成。而曾經遭到空降協理與下屬聯手霸凌，對傳統職場已經沒有任何期待的重生，成爲與世無爭的自由作家，但他對於創造生命光輝仍有夢想……

最近，重生來問我退休金打算如何運用的時候，我才知道他正將自己的「人設」，定調爲「全方位退休財富管理」專業人員。重生詳細的向我解說：「領到退休金後，最重要的就是兩件事，第一件事：有足夠的錢『可以』花，第二件事：有健康的身體『能夠』花」。

重生怕我不明白，就再進一步解說：「爲了要有足夠的錢可以花；所以要謹慎理財，爲了要有健康的身體能夠花，所以要懂得保養身體。有足夠的錢和健康的身體，才是具有全方位的財富」。重生說：未來他準備爲領有退休金的中老年人，規劃好幸福無虞的退休生活，我覺得這倒是一個不錯的「人設」和職業，同時還可以幫助中年人認眞看待自己的退休生活。

奉獻公益，返璞歸眞

人生第二次青春期（中年），在人生道路的選擇上，要比第一次青春期（青年）更有優勢。因爲，人到中年隨著自己的志趣、健康與財力，可以選擇「勇敢築夢；再次奮起」，也可以選擇「奉獻公益；返璞歸眞」。

黃寶男校長在五十歲的時候，因有感於當時教育體制與環境的變遷，已無力繼續施展抱負，便急流勇退離開他熱愛的教育界，但他從未放棄對學童授予品德教育的熱情。二〇〇四年黃校長結合嘉義當地幾位熱心公益的校長與慈善機構及捐贈者「湯爺爺」[1]共同商議組成「湯爺爺贈書工作團隊」，每年贈送品格教育叢書給台灣各縣市偏鄉國小學生，鼓勵並提升學童閱讀能力外，同時加強品格與道德觀念。黃校長與「湯爺爺贈書工作團隊」這群熱心公益的校長和這位富有愛心的捐贈者「湯爺爺」，自二〇〇四年開始捐書的懿行，迄今從未間斷過。

黃校長五十歲的年齡退休後，選擇將他的時間、人脈資源和過往經驗投身在「公益」上，退休後的他不僅無法空閒下來，反而更加忙碌，但他每天都過得非常充實而喜悅，而且還更有意義更有成就感。

另有一位白手起家，經營成衣外銷事業有成的中小企業主范總。二〇一四年初，因為誤信銀行理專的話術投資金融商品損失慘重，不甘於多年積累下來的財富，幾千萬就這麼平白拱手讓給銀行，她忿忿不平的集合同樣的受害者，組成自救會與銀行抗爭長達四年。

我知道范總在那四年，對銀行心中始終存在著相當大的怨恨，當時她已無心發展公司業務，全心帶領自救會成員四處陳情。雖然最後她和銀行達成和解，但對她的資產而言一定傷的不輕！我猜想范總未來的日子，恐怕都會在悔恨與懊惱中度過吧！

哈，這次我可猜錯了！我正納悶近幾個月范總特別難聯絡，每次我發

Line的訊息，她都要隔好一段時間才會讀取回覆。近日，我按捺不住性子直接與她通話，原來當時她正與一群好友在金門遊玩。我們約了等她回來，到她天母住處附近的咖啡廳見面，聊聊彼此近況。

後來我才知道，范總趁著疫情減緩後，每隔一段時間就會去遊山玩水，先是分次進行國內旅遊：墾丁、台東、花蓮及宜蘭等民宿輪流住宿。等到國際開放外國人入境，便一下子安排歐洲行，一會兒安排日本、韓國旅遊，一下子又飛到美國，她的日子過得可真是愜意，是我始料未及的。

范總語重心長的說：她很後悔當初花了太多時間在處理投資虧損的事情上，生命實在不該浪費在這些紛紛擾擾之中。她已經六十多歲了，人生還有許多美景與美食等著她去探索與體驗。所以，她結束公司所有的業務和營運，從此過著閒雲野鶴般的神仙生活（眞是讓人羨慕到有點忌妒了）。

想過優閒的日子，有錢人自有她們的豪奢與水平，而平常人也有平常人的簡約行程，只要心境健康悠然自得，怎麼玩怎麼開心。

前面提到的高中同學老季，自從中風後他就非常注意養身和健身，每周日都會和他老婆一起爬山，一方面：訓練肌力有助於復健，另一方面：這是最廉價的休閒娛樂。這幾年老季持之以恆的爬山，從剛開始難度較低的台北四獸山、到新北近郊觀音山，最近聽說還挑戰了新竹的司馬庫斯。

老季年齡比我小一些，由於身體因素已無再次奮起的雄心壯志，但他能誠實面對自己的狀況與能力，將心境回歸平淡反璞歸眞，把日子過得簡約健康，與家人平平淡淡的過日子，也未嘗不是一種幸福得宜的中年生活。

《定風波》

本書最後，我要引用蘇東坡四十四歲時的作品《定風波》，與讀者共同領悟中年人可以擁有的心境，不論最後選擇的是「勇敢築夢；再次奮起」，還是「奉獻公益；返璞歸眞」？我們都可以效法蘇東坡這首詞裡的心境，不論外界人事物如何干擾影響，都不會動搖我們中年人應有的「灑脫」與「無畏」！

「莫聽穿林打葉聲，何妨吟嘯且徐行。
竹杖芒鞋輕勝馬，誰怕？一簑湮雨任平生。
料峭春風吹酒醒，微冷，山頭斜照卻相迎。
回首向來蕭瑟處，歸去，也無風雨也無晴」。

1 「湯爺爺」；其實是一位堅持不願透露真實姓名的苗栗縣民，年輕時曾到嘉義工作，因有感於偏鄉學童資源匱乏，而且近幾十年家長過於溺愛小孩，新世代對於道德倫理觀念日益淡薄。經與嘉義黃寶男等十餘名校長及公益團體商議後，決定以「湯爺爺」之名，每年輪流捐贈偏鄉國小學童品德叢書，並辦理徵文比賽提升學童閱讀興趣與能力。（資料來源：黃寶男先生提供）。

《致謝》

本書得以完成，首要感謝書中所有被提及的人物（不論是本名或改稱者）。若沒有這些朋友慷慨無私，願意提供個人隱私故事，本書無法呈現如此豐富的內容。其中，要特別感謝康博集團吳俊毅主席為本書作序，以及執行董事吳承燁先生，費心安排引薦涂瑛眞與 Melody 兩位優秀的女士。更要感謝兩位女士，百忙之中在台北康見公司，分享自己原本不願再回想的陳年往事和成就事業的心法。

也要感謝嘉義黃寶男校長，分享退休後從事公益活動的始末及登山活動，可以提供即將退休或已退休讀者參考效法，讓退休後的生活變得有意義和目標。在此也一併對李文煥與黃育錡伉儷，提出保險理財方面的專業意見，供給讀者中年退休後的保險建議。

另外，要再次感謝時報文化出版公司主編林憶純小姐及編輯團隊的協助，本書方能順利完成定稿與付梓。

觀成長47

不過就是中年危機，你別想太多

作　者—周冠中
視覺設計—徐思文
主　編—林憶純
行銷企劃—蔡雨庭
第五編輯部總監—梁芳春
董事長—趙政岷
出版者—時報文化出版企業股份有限公司
一〇八〇一九台北市和平西路三段二四〇號
發行專線—（〇二）二三〇六-六八四二
讀者服務專線—〇八〇〇-二三一-七〇五、
（〇二）二三〇四-七一〇三
讀者服務傳真—（〇二）二三〇四-六八五八
郵撥—一九三四四七二四時報文化出版公司
信箱—一〇八九九臺北華江橋郵局第九九信箱
時報悅讀網—www.readingtimes.com.tw
電子郵箱—yoho@readingtimes.com.tw
法律顧問—理律法律事務所　陳長文律師、李念祖律師
印　刷—勁達印刷有限公司

初版一刷—二〇二三年三月十七日
定　價—新台幣三二〇元

時報文化出版公司成立於一九七五年，並於一九九九年股票上櫃公開發行，於二〇〇八年脫離中時集團非屬旺中，以「尊重智慧與創意的文化事業」為信念。

不過就是中年危機，你別想太多 / 周冠中作 . -- 初版 . -- 臺北市 : 時報文化出版企業股份有限公司 , 2023.03
214 面 ; 14.8*21 公分 . --（觀成長 47）
ISBN 978-626-353-408-7（平裝）

1.CST: 中年危機 2.CST: 生活指導 3.CST: 自我實現

192.14　　111022336

ISBN 978-626-353-408-7
Printed in Taiwan